Jakob Schlafke

W0370607

COLONIA

BONECHI

Deutsche Auslieferung:
Paulsen Buchimport / d.i.v.a.
Rosenau 16
79618 Rheinfelden
fon: (+49)(0)7623-3097694
fax: (+49)(0)7623-3097696
mail: bonechi@paulsen-buchimport.com
www.paulsen-buchimport.com
ISBN 978-3-944027-03-6

Proyecto y diseño: *Casa Editrice Bonechi*
Directora editorial: *Monica Bonechi*
Búsqueda de fotos: *Marco Bonechi*
Diseño gráfico y cubierta: *Alessandro Calonego*
Compaginación: *Patrizia Fabbri*
Textos de *Jakob Schlafke*; *Patrizia Fabbri*, *Giulia Fonnesu* y *Hajo Paulsen*
Edición y actualización de textos:
Patrizia Fabbri, *Hajo Paulsen*
Dibujos y mapas (cubiertas interiores):
Stefano Benini

© Copyright 2013
de Casa Editrice Bonechi
via Cairoli 18/b
Florencia - Italia
E-mail: bonechi@bonechi.it

Trabajo colectivo.
Todos los derechos reservados.
Ninguna parte de esta publicación puede ser reproducida o copiada o transmitida de ninguna forma, cualquiera sea, electrónica, química, mecánica fotocopia u otro sistema incluidos radio, televisión, o cualquier otro medio de almacenamiento o de recuperación, sin el permiso del editor.

La cubierta y maqueta de esta publicación son propiedad de la *Casa Editrice Bonechi* y de los artistas gráficos y están protegidos por un copyright internacional.

Impreso en Italia por el *Centro Stampa Editoriale Bonechi*.

Las fotos pertenecen a los archivos de la *Casa Editrice Bonechi* y fueron tomadas por *Marco Bonechi*.

Otras contribuciones:
Corbis: fotos pág. 71; *Marka*: fotos págs. 3 (© Friedrich), 16/17 (© Werner Dieterich), 19 (© Petr Zurek), 21 arriba a la izquierda (© Walter G. Allgöwer), 22 arriba (© Michael Leonhard) y abajo (© Artcolor); *SIE/Simephoto*: fotos pág. 30 abajo (© Lubenow Sabine/SIME-4Corners Images) y cubierta (© Gräfenhain Günter/SIME-4Corners Images).

El editor se disculpa por cualquier omisión y ruega ser informado o recibir las modificaciones necesarias por parte de quienes poseen los derechos en cuestión.

ISBN 978-88-476-2731-4

www. bonechi.com

* * *

A 10 9 8 7 6 5 4 3 2 1

Una dramatica imagen del centro de Colonia tal y como se presentaba después de los bombardeos aéreos en la primavera de 1945: se distingue la catedral y lo que quedaba del puente sobre el Rin.

Breves notas históricas

Hablar de Colonia significa pasar revista a dos mil años de historia. Durante las obras para la construcción del metro, en el área de la catedral y de la estación, los arqueólogos sacaron a la luz numerosos vestigios de la antigua ciudad, que el público pudo admirar en ocasión de la Exposición Rom am Dom *en 1970. Hoy en día poseemos datos ciertos por lo que respecta al período romano; sabemos, por ejemplo, que Agripa, en calidad de gobernador de la Galia, hizo transferir la ciudad de los Ubios de la orilla derecha del Rin a la orilla izquierda, de manera que el río garantizara una cierta protección.*

En año 38 a.C. marca la fecha de fundación de la ciudad de lo Ubios y de su templo, el Ara Ubiorum, *en cuyas cercanías estaba de estancia un campamento de legionarios. La dura derrota con la que Arminio aniquilara el ejército de Varo, compuesto por 2.000 soldados en la floresta de Teutoburgo (9 d.C.), trajo consecuencias de extrema importancia también para la ciudad de los Ubios.*

Cuando, en el año 14 d.C., fue nombrado emperador Tiberio, Colonia hacía de campamento estival para cuatro legiones e invernal para la I y la XX legión. El día 6 de noviembre del año 15 d.C. nació en Colonia Agripina, hija de Germánico y madre del emperador Nerón; fue ella quien obtuvo que su proprio ciudad natal se convirtiera de rango y de derecho en una colonia romana, a la que se puso el nombre de Colonia Claudia Ara Agrippinensium *(C.C.A.A.).*

Tiene de esta forma comienzo la historia de Colonia. En el año 70 son acabadas las murallas de la ciudad que en el año 90 se vuelve capital de la Germania meridional. En el 98 el emperador Trajano. en aquel entonces de estancia en Colonia, succede al emperador Nerva; seguirán para la ciudad cerca 150 años de paz y desarrollo.

La ciudad de Colonia, que se extendía entonces sobre casi 100 hectáreas al abrigo de las inundaciones, tenía 20.000 habitantes. En frente a ella, sobre el Rin, se encontraba una isla larga casi un kilómetro. La industria y el comercio prosperaban. Al lado de otras religiones (como, por ejemplo, el culto de Mitra) se iba difundiendo el Cristianismo. En el lugar donde hoy se levanta la Catedral está atestada la presencia de la primera iglesia arzobispal. El primer obispo de que se conoce el nombre, Materno, tomó parte, en el año 313-314, al sínodo de Roma y Arles.

En el 284, el emperador Diocleciano pensó dividir el imperio en nuevas circumscripciones administrativas y pedir a sus soldados el sacrificio a su propria divinidad, pero los mártires de la legión de Tebas resistieron a la pretención del emperador. Constantino, emperador de la Galia desde el año 306, construyó en Colonia el primer puente fijo sobre el Rin (310) y consolidó la cabeza de puente sobre la derecha del río mediante el castillo de Deutz. En el 312, emprendió la guerra para el predominio sobre el imperio y, tras la victoria del Puente Milvio, en el 313, envió a los cristianos de Milán el edicto sobre la libertad de culto.

A pesar de todo ello, era siempre presente el peligro de asaltos perpetrados por pueblos en migración. En el 355 los Francos Salios atacaron la ciudad de Colonia, ocupándola por diez meses, hasta cuando Juliano el Apóstada la reconquistara en el 356. Siguieron años difíciles para los cristianos. En el 388 Colonia es nuevamente conquistada y saqueada por los Francos. En el 397 Severino es nombrado obispo de Colonia; la dominación romana se concluye en práctica en el 401, quando Estilicón se pone al mando de las legiones dirigidas a Italia para una campaña militar. La seguridad de la frontera renana está en manos de los Francos, cuya rama ribereña conquista Colonia y la nombra capital en el 455. En el 496 el rey Clodoveo, tras la victoria obtenida sobre los Alamanes cerca de Zulpich, se hace bautizar: es así como empieza la cristianización de los Francos.

Al interior del atrio de la primera catedral de Colonia se descubrió en 1959 una pequeña capilla dedicada a la Virgen, conteniente las tumbas de una mujer y de un chiquillo de la casa del rey Teudoberto II, que fueron allí sepultados junto a objetos valiosos en el 550.

Los doscientos años sucesivos están caracterizados por duras luchas de poder, que se concluyen con el dominio de los Carolingios y con el reinado de Carlomagno, encoronado emperador en Roma en el año 800. Su amigo y consejero, el obispo Hildebold de Colonia, es nombrado, en el 795, arzobispo de una nueva provincia eclesiástica más grande, que se extiente desde Hamburgo hasta Bélgica. En el año 818 hará demoler la antigua catedral y se procede a la construcción de una nueva, monumental, consagrada en el 870. En este período existían además seis conventos de monjes y monjas, entre los cuales St. Gereon, la iglesia más importante, que se remonta al siglo IV y que por sus mosaicos parietales tomó el nombe de «a los Santos de Oro». En el 689 Pipino de Heristal, junto con su esposa Plectrude, hace erigir el importante monasterio de St. Maria im Kapitol (Santa María en Capitolio) sobre el mismo sitio donde antes surgía el templo capitolino romano.

El emblema de Colonia, caracterizado por las tres coronas, que representan a los Reyes Magos, y las once gotas de sangre que recuerdan las legendarias 11.000 vírgenes compañeras de Santa Úrsula, martirizada en Colonia.

La ciudad, hasta entonces floreciente, fue conquistada y saqueada en el 881 por los Normandos, que remontaron el Rin, y logró recobrarse sólo lentamente. Con el arzobispo Bruno (953-965), hermano menor del emperador Otón I, que en el 953 era contemporáneamente arzobispo de Colonia y gran duque de Lorena, tiene inicio el período histórico más glorioso de la ciudad, que aún sigue reflejándose en la grandiosidad de sus iglesias románicas. Los arzobispos gobernaron la ciudad hasta el año 1288. Bruno, con la ampliación de los muros hasta el Rin, ya había extendido a 125 hectáreas la superficie de la ciudad protegida. Los muros fueron nuevamente alargados en los años 1106 y 1180, de manera que Colonia, con sus cerca de 40.000 habitantes, vino a ser al ciudad germánica más populosa y con el cerco de murallas más ampio.

Entre los arzobispos que sucedieron a Bruno, son de destacar: Gero, que fue mandado a Bizancio para pedir, por parte del emperador Otón I, la mano de la princesa Teófano, y al que se la recuerda por la imponente Cruz de Gero, *situada en la catedral de Colonia; Heribert (999-1021), según cuyo testamento el canciller y amigo suyo, Otón III, hizo construir en Deutz el monasterio de María, la actual St. Heribert. Bajo su sucesor, Pilgrim (1021-1036), el Cancillerato para las provincias italianas se une al Arzobispadio de Colonia (1031). Durante el mismo período los arzobispos obtuvieron también el derecho a ser encoronados en Aquisgrán. El sucesor de Pilgrim, Hermann II (1036-1056), de la familia de los Ezzoni, ejercerá su poder hasta en Polonia, en la abadía de Tieniec cerca de Cracovia, fundada por los monjes de Brauweiler. 1049 es el año de la visita del Papa León IX. En aquel entonces el pontífice y el emperador eran miembros honorarios del Cabildo de la catedral de Colonia, un título eclesiástico recordado por el mismo Papa Juan Pablo II en ocasión de su visita a Colonia, el 15 de noviembre de 1980. Bajo Hermann II también se acuñaron las primeras monedas, con la inscripción «Sacra Colonia», nombre que la ciudad llevará consigo en los años sucesivos. Los grandes monasterios y las abadías alcanzaron el número de catorce: además de la catedral esteban St. Andreas, St. Aposteln, St. Cäcilien, St. Georg, St. Gereon, St. Kunibert, St. Maria ad Gradus, St. Maria im Kapitol, Gross St. Martin, St. Pantaleon, St. Severin, St. Ursula y St. Heribert en Deutz.*

El sucesor de Hermann, Anón II (1056-1075), continuará la serie de los grandes arzobispos. Sus contemporáneos lo celebraron como «flor y luz» de Alemania, aunque en verdad ya se habían manifestado duros contrastes con parte de la ciudadanía, que iba

tomando cada vez más conciencia de sus derechos.
Una fecha muy significativa en la historia de Alemania es el año 1164, en el que llegan a la ciudad los huesos de los Reyes Magos, enviados por el emperador Federico Barbarroja como precioso botín de guerra al arzobispo de Colonia y canciller suyo. Rainald von Dassel, una vez cumplida la conquista de Milán en 1162. El relicario de los Reyes Magos no debía de tener iguales en el mundo: la obra, empezada en 1180 por Nicolás de Verdun, fue terminada en los sucesivos cinquenta años y Colonia se transformó en una de las principales metas de peregrinaje del mundo cristiano.
En los años en que se ultimada el célebre relicario, era arzobispo Engelbert (1216-1225), que fue designado Regente en 1221 bajo en emperador Federico II Hohenstaufen. Hombre fuerte y enérgico, amante de la justicia, desempeñó un papel decisivo en la política del Imperio.
Testimonio duradero de la fuerza y del poder expresados por aquel siglo es la catedral, iniciada en 1248. Pero ya mientras se hiban terminando los trabajos al coro (1322), los arzobispos no gobernaban más sobre la ciudad. Efectivamente, el 5 de junio de 1288 los ciudadanos, en la batalla cerca de Worringen, quebraron el dominio territorial de los arzobispos, cuyo lustre y grandeza son recordados con reconocimiento por nuestra época en el «Año de las iglesias románicas».
La potencia de los ciudadanos en este período está hoy testimoniada por la casa Overstolzen en la Rheingasse, del siglo XIII: su nombre mantiene viva la memoria de una de las familias que jugaron un papel determinante en las luchas intestinas entre los arzobispos y los ciudadanos, que gracias al comercio se habían vuelto ricos y potentes. En 1106 Enrique IV concede a los ciudadanos el derecho a defender su propia ciudad. En 1180 el cerco de muros es ampliado hasta alcanzar los cinco kilómetros y medio: Colonia viene a ser la ciudad más grande del Imperio. En el panorama de la ciudad se destacan unas 150 entre iglesias y capillas: el arte y la ciencia florecen. Los estudios generales de Dominicos y Franciscanos, con maestros como Alberto Magno, el Maestro Eckhart, Tauler y Duns Scotus, hacen de Colonia un centro de ciencias a nivél europeo.
Mas las luchas intestinas continuan. En el siglo XIV las familias se enfrentan con los gremios para el predominio de la ciudad. El tratado de coalición de 1396, consecuencia de la victoria de los gremios sobre los patricios, es el primer estatuto democrático que elimine del todo las diferencias de clase. Símbolo de dicha victoria es la torre del Ayuntamiento, construida a inicios del siglo XV. Desde entonces la más alta autoridad administrativa fue el Consejo que, como órgano central compuesto por 49 miembros, venía elegido por las «Gaffeln», es decir los gremios de artesanos.

Simon Meister (1796-1844), *El Carnaval de Colonia de 1836*, 1836. Colonia, Museo Histórico de la Ciudad.

En Colonia también el Ansa, o Liga Anseática, trae a la memoria una antigua tradición: los fines perseguidos por esta confederación eran sobre todo de orden económico. En 1367 las ciudades de la confederación de Colonia se unieron en la lucha contra el rey Waldemar IV Atterdag, quien se había apoderado en 1361 de la isla de Gotland, aniquilando a la flota del Ansa.

Los habitantes de Colonia demonstraron su valor también en el campo de la ciencia. Si bien la ciudad tuviese ya una antigua tradición de institutos de orden superior, en 1388 se fundó aquí la primera Universidad comunal de Alemania. En 1475 el emperador Federico III declaró formalmente Colonia ciudad libre del Imperio, sigilando de tal manera esa evolución comenzada en el lejano 1288. Una imagen de la ciudad tal como se presentaba en torno al 1500 se conserva en un grabado de Anton Woensam.

Los tumultos del período de la Reforma dejaron poco espacio a los proyectos arquitectónicos. El Ayuntamiento fue ampliado, mientras las obras en la catedral, que era de todas formas un edificio inmenso, se suspendieron desde 1560 hasta 1842, quando se volvió a trabajar a ella con nuevo vigor. La fundación del Arsenal data de comienzos del siglo XVII. Entre los edificios más significativos débese mencionar el monasterio jesuíta, con la Maria Himmelfahrtskirche (iglesia de la Asunción), ambos costruido por Christoph Wamser ente 1618 y 1627. Durante la Guerra de los Treinta Años (1618-1648) la parte de la ciudad a la izquierda del río fue afortunadamente perdonada, pero sufrió igualmente de este período de pobreza y carestía.

Todos los edificios sagrados levantados entre finales del siglo XVII e inicios del XVIII, experimentarán el influjo holandés. En la decoración de los interiores domina el barroco; los preciosos adornos de los altares y los objetos de culto están creados en gran parte por maestros de sur de Alemania.

Pasados los años difíciles del siglo XVII y de la guerra de sucesión española (1701-1704), el progreso cultural y artístico se interrumpe improvisamente a causa de la Revolución Francesa: en 1794 Colonia es ocupada y en 1801 anexada a Francia. Esto significará el fin de la ciudad libre del Impero y del Archimonasterio Kur-Colonia. En 1796 la catedral y numerosas iglesias son profanades; la iglesia de la Asunción se convertirá en el Templo de la Razón, los monasterios se cerrarán, los bienes eclesiásticos serán disipados. Pero algunos ciudadanos, amantes de las artes y con espíritu de iniciativa, logran salvar una parte del patrimonio artístico de la Iglesia; entre ellos resalta el nombre de Franz Ferdinand Wallraf (1748-1824).

En 1815, después del Congreso de Viena, Colonia pasó a Prusia y vuelve a ser un punto vital del comercio y de la industria. En 1822 se inaugura el puente sobre el Rin, seguido en 1859 por el primer puente fijo de enlace de carreteras y ferrocarriles. En 1881 los muros medievales vienen cerrados y se construye un nuevo cerco de murallas. Las anexiones de nuevos municipios, que se verifican a partir de 1883, han hecho de Colonia una ciudad de un millón de habitantes (1980). Terminada la primera guerra mundial, Konrad Adenauer, alcalde de Colonia de 1917 a 1933 y primer Canciller Federal en 1949, ciñe la ciudad con un anillo de verde público: el gran parque para el tiempo libre.

Durante la segunda guerra mundial el 78% del poblado sufre destrozos a causa de los bombardeos; el 90% de la parte más antigua desaparece.

La catedral se erguía con sus altas torres en medio a los escombros. En ocasión del septingentésimo aniversario de la fundación de la catedral, el cardenal de Colonia, Frings, invitó al Papa Pío XII y a los principales obispos y cardenales de los Estados entonces enemigos, como prueba de reconciliación y de afecto de la vieja Europa cristiana y como inicio de un nuevo pacífico desarrollo.

Colonia en época romana

En el invierno de 1969-1970 tuvo lugar, en el primero piso de la Galería de Arte, una exposición intitulada «Rom am Dom», en la que se mostraba una parte de los tesoros sacados a la luz en ocasión de las obras para la construcción del metro. En 1941, durante la construcción de un refugio antiaéreo cerca de la catedral, se descubrió, a seis metros de profundidad, el *Mosaico de Dionisio*, que en 1946 fue expuesto al público en un pequeño museo. El 15 agosto 1948, en el septingentésimo aniversario de la colocación de la primera piedra de la catedral, el mosaico, al cabo de dos semanas de inmersión en alcohol, apareció en todo su resplandor; dado que constituía una atestación de la existencia de la catedral desde el III siglo, fue la pieza de mayor interés del **Museo Romano Germánico**, llevado a cabo en 1974.
En el mes de mayo de 1946 el profesor Doppelfeld, por encargo del Cabildo de la catedral, comenzó las excavaciones bajo la iglesia, que permitieron de sacara la luz la iglesia episcopal carolingia y un templo romano del I siglo d.C. En 1969, cerca de la casa donde se había encontrado el *Mosaico de Dionisio*, se descubrió una sala dedicada a Mitra, una de las tres que fueron halladas en Colonia, lo que testimonia lo difundido que era este culto, en particular en el siglo III.
Del período romano no nos quedan solamente los preciosos hallazgos salidos a la luz cerca de la catedral y actualmente expuestos en el Museo Romano Germánico; también las excavaciones efectuadas bajo el Ayuntamiento han consentido el descubrimiento de atestaciones de aquella lejana época. Efectivamente, se han hallado restos de los cuatro edificios pretorios erigidos, uno tras otro, como residencia del comandante de la ciudad para la Provincia Germánica Meridional. Ya en 1570 el senador Hermann von Weinsberg, durante la construcción del nuevo Ayuntamiento, pudo examinar los antiguos e imponentes muros, tomando nota de ello en su diario. Pero sólo después de 1953, seguidamente a las destrucciones causadas por los bombardeos de la última guerra, se pudieron efectuar buscas más ahondadas: salieron a la luz un palacio de reuniones y el Aula Regia, adonde se debatían los asuntos judiciales. La fundación de los cuatro edificios pretorios data alrededor de los primeros cuatro siglos.

El *Sepulcro de Publicio* (50 d.C.), imponente con sus casi 15 metros, en la actualidad conservado en el Museo Romano Germánico.

En 1830 se descubrió, cerca del Palacio Pretorio, la entrada a un trecho de desagüe largo alrededor de 140 metros, ancho 1,20 metros y alto 2,00-2,50 metros, a través del cual los Romanos desde la mitad del siglo I hacían confluir en el Rin las aguas de albañal. En otras zonas se descubrieron incluso los canales de la vasta red por medio de la cual el agua llegaba a las casas de Colonia desde el río Eifel, a través de un acueducto romano largo más de 90 kilómetros. Cuando los Romanos dejaron Colonia, alrededor del siglo V, el acueducto cayó en abandono volviéndose inutilizable, tanto que en el siglo IX los habitantes de la zona aprovechaban sus restos como material de construcción.
El testimonio más imponente de la época romana está representado por las murallas de la ciudad, una de las más grandes fortificaciones de aquellos tiempos. En el año 50 d.C. se empezaron a construir los bastiones de defensa: los muros almenados, largos cuatro kilómetros y altos al menos 7,80 metros, estaban circundados por un foso que medía 9 metros de ancho por 3-4 metros de profundidad. La construcción terminó en el año 70, durante la revuelta de los Bataver. Tres de las nuevas puertas miran hacia el Rin, a este, otras tres a oeste, dos a sur y tan sólo una, visible desde la cima de la catedral, da a norte. Al interior de la muralla se encuentran 19 torres redondas, del diámetro de 9,20 metros. Para hacerse una idea de lo que era la construcción, uno puede recorrer un kilómetro hacia oeste a partir de la catedral, hasta llegar a la torre de la esquina, la «torre romana».
La parte de la ciudad más al abrigo de las inundaciones se encontraba sobre una isla que medía hasta 180 metros de anchura y que se extendía en frente al dado este de la muralla. Al centro de la isla surgía una construcción de 71,50 metros de ancho por 76 de largo, justo sobre la derecha del Palacio Pretorio. En la parte oriental se encontraba un embalse de 34 x 17,20 me-

El Museo Arqueológico Romano Germánico de Colonia está albergado en el imponente edificio surgido en 1974 junto al Duomo en el emplazamiento de una grandiosa villa romana, donde salió a la luz el celebérrimo mosaico con escenas de la vida de Dionisios (220 d.C.). Dicho mosaico es el actualmente el soberbio pavimento del museo donde son expuestas riquísimas colecciónes de obras de arte y de objetos de uso cotidiano que ilustran los acontecimientos y esplendores de la Colonia romana y de la Edad Media.

tros, profundo 1,50 metros, cuidadosamente revestido con baldosas de toba y contornado por un borde baldosado de 5 metros de anchura. En la plaza y en el embalse fueron hallados fragmentos de cerámicas que se remontan a la primera mitad del siglo I d.C.
Gerta Wolff, autora de la más apreciable guía sobre la Colonia romano-germánica, junto a la ex-

Arriba, un detalles del *Mosaico de Dionisio*, a la derecha una vista de las colecciones de terracota y de objetos en vidrio de la época romana, esta última, la más grande del mundo.

A la izquierda, la estela funeraria de Cayo Mesuleno, un liberto que tomó como nombre el del patrono a quien debía su libertad.

El sugestivo decorado de una de las salas del museo con, arriba, lo que queda de un grupo heleno del siglo III que representa niños jugando a montar a caballo el uno sobre el otro.

plicación más simple, es decir que se trate de un área deportiva, menciona la eventualidad que la zona sagrada del *Ara Ubiorum*, que hasta hoy no ha sido descubierta, pudiera encontrarse aquí.

En el siglo II los Romanos construieron en la isla amplios vestíbulos, entre los cuales el vestíbulo C, que podría coincidir con el edificio seguidamente substituido por la actual iglesia de Gross St. Martin. Se puede acceder a la isla también a través del puente que en el año 310 Constantino, en calidad de emperador de la Galia, levantó para llegar al castillo de Deutz, que él mismo fundó. Hoy día ya no es posible distinguir la isla, dado que el arzobispo Bruno (953-965) quiso rellenar el brazo de río que la separaba de los muros de la ciudad y, levantando nuevas fortificaciones, las incluyó en el área urbana, que de esta forma pasó de 100 a 125 hectáreas de superficie.

En una de las zonas arqueológicas más importantes de Colonia se encuentra el palacio romano del gobernador, situado bajo el moderno Ayuntamiento. En este área se encontraba el centro administrativo de la Provincia Germánica Meridional, cuyo comandante, que poseía el título de «propraetor», era en la mayoría de los casos un ex-cónsul. En calidad de representante del emperador, él tenía el mando de las tropas de estancia en la provincia, ejercía su poder también sobre la administración civil, la justicia y las fuerzas del orden y, es más, debía ocuparse del culto del emperador. Además del aparato burocrático de la administración provincial, dependían de él 500 soldatos a caballo y 500 de infantería.

Gran parte de los vestigios del período romano está hoy expuesta en el **Museo Romano Germánico**, fundado entre 1970 y 1974 cerca de la catedral, justo en el lugar adonde, en 1949, se descubrió el *Mosaico de Dionisio* (que data alrededor del año 220), así que posiblemente esté hoy mostrado al público en su colocación originaria. Desde el amplia ventana a oeste, hasta el visitador de paso puede hacerse una idea de la riqueza cultural que

Son muchos los objetos de uso cultual o cotidiano que se pueden admirar en el Museo Romano Germánico.

Entre ellos numerosas lámaparas de aceite, con escenas de la vida, o de personajes históricos y míticos.

También son espléndidos los objetos en vidrio, que permiten ver la técnica bastante perfeccionada utilizada en su elaboración.

Abajo, un original relieve del siglo III en el cual estan representados un perro y un jabalí en referencia a una cita de Cínico, discípulo de Diógenes.

caracterizó los primeros siglos después de Cristo. Domina sobre todo el resto el *Sepulcro de Publicio,* alto 14,60 metros. El museo consiente hacerse una idea de como se vivía en la antigüedad, ofreciendo ejemplos de vario tipo que van de la vida cotidiana a las funciones religiosas, de los viajes al comercio y al trabajo, de la vida modesta a los lujos de los ricos. De particular interés son los productos de los laboratorios de vidrios y cerámicas de Colonia, hallados en cercanías de la torre romana, en la Gereonstrasse y en Eigelstein. Primera materia indispensale para obtener productos de alto nivel calitativo era la erana, blanca y finísima, procedente de la zona de Frechen. El compuesto, preparado según complicadas recetas, se hacía derritir dentro de un horno a leña y después se volvía a trabajar a una temperatura que llegaba hasta 1200 grados. Es así como nacían los objetos de vidrio de los que hoy podemos admirar la riqueza de colores y la elegancia de las formas.

Más ejemplos de obras del extraordinario Museo Romano Germánico de Colonia, que nos permite observar de forma profunda y fascinante la ciudad de la épocoa romana y sus esplendores.

Se aprecia, en particular, a la derecha, un espléndido ejemplo de camafeo de la época romana.

La espectacular reconstrucción de un ambiente que era normal encontrar en las lujosas villas romanas. El vasto mosaico original restitutye las imágenes de lo que debió ser el pavimento de la suntuosa residencia romana sacada a la luz junto al Duomo de Colonia, mientras que en las paredes, con el auxilio de vestigios originales, se tentó una existosa reconstrucción de lo que fue la decoración, bajo el fondo de un sugestivo rojo de matriz pompeyana.

El agua de Colonia

La más célebre de las aguas perfumadas toma el nombre de la ciudad de Colonia. Si sus orígenes y su composición están envueltas en una leyenda, cierta es que alguna vez su fama, llega hasta los tiempos modernos. En el siglo XVII la admirable esencia fue exportada a todo el mundo, triunfó en Europa y fue querida y utilizada por grandes personajes y celebridades como Napoleón, Goethe, Voltaire y la reina Vittoria.

El secreto del éxito del agua de Colonia es una mezcla fresca de esencias diferentes: *aceite de neroli*, *bergamoto*, *lavanda*, *romero* y numerosos otras, hasta llegar a la treintena de ingredientes diferentes. Sus orígenes no son solo los de un simple perfume: «*Aqua mirabilis*» fue la mención utilizada para esta mezcla de aceites etéreos y etanol diluido, considerada medicina universal útil para curar cualquier problema, desde el dolor de garganta a la gota y a la peste. Sólo más tarde se afirmó como producto de aseo. Fueron las tropas francesas que llamaron al agua perfumada «*Eau de Cologne*», nombre utilizado hasta el 1914, cuando fue oficializada la dicción alemana «*Kölnisch Wasser*». Hoy la denominación «*Echt Kölnisch Wasser*» representa una indicación geográfica protegida.

La atribución de la fórmula del *Eau de Cologne* a su verdadero inventor es controvertida: fueron muchos los maestros perfumistas que trataron de reproducir la fórmula y atribuirse el mérito de esta nueva fragancia, tan fresca y suave con respecto a los cargantes perfumes de la época. Numerosos fueron los procesos contra las empresas falsificadora: en el 1865 solo en Colonia fueron treinta y nueve!

Algunas fuentes certifican que el verdadero inventor fue el italiano Giovanni Paolo Feminis, que antes de morir dio la fórmula a su ayudante Giovanni Maria Farina, un mercader italiano inmigrado a Alemania. Su nieto, en el 1806, habría fundado en París el Jean-Marie Farina, sucesivamente cedida a Roger et Gallet. Giovanni Maria Farina describió de este modo su *aqua mirabilis*: «Un mañana italiana de primavera después de la lluvia. Recuerda las naranjas, los limones, los pomelos, los bergamotos, los cedros, las flores y las hierbas aromáticas de mi tierra. Me refresca y estimula sentidos y fantasía».

Glockengasse 4711

En Glockengasse, en el número 4711, está la sede histórica de la célebre agua de Colonia 4711. Aquí desde hace más de dos siglos está la casa de Wilhelm Mülhens, que recibió la receta de la preciosa *aqua mirabilis* de un monje cartujo en el día de su boda. En el 1796 las tropas francesas que ocupaban Colonia, reorganizaron completamente la numeración de las calles, dando a la casa y al taller el número 4711. En el 1875 se convirtió en la marca registrada de la «Verdadera Agua de Colonia». Sobre la fachada sur de la sede hay un carillón que cada hora se mueve al sonido de la Marsellesa. En el interior, un gran tapiz realizado en el 1964 nos recuerda el momento en que un soldado francés atribuyó a la casa el número, convertido después en célebre.

El Museo del Perfume Farina

En Obenmarspforten 21, en la histórica sede de Casa Farina, está presente el Museo del Perfume Farina, adornado con el célebre tulipán rojo fuego, símbolo de la Casa. En el laboratorio del maestro perfumista, acompañado por la música de Carlo Farina, es posible seguir la creación del perfume, desde la elección de la esencia al *enfleurage*, hasta la conservación del precioso producto. En el interior se exponen los frascos ideados para contener la fragancia: de los rosoli, pequeñas botellas de forma alargada selladas con lacre, a las botellas «champán», más resistentes y por lo tanto más fácilmente transportables.

En estas páginas, imágenes de la celebérrima agua de Colonia que desde su sede histórica de producción, ha creado un mercado actualmente inconfundible en el mundo entero.

La catedral

Bajo las altas torres de la catedral, símbolo y fulcro de Colonia, se han desarrollado más de 1900 años de historia de la ciudad. Desde el año 50 se levantaba, en la esquina nordeste de la ciudad romana, un templete en honor de Mercurio Augusto, muy semejante al que estaba consacrado en Roma a la dea Fortuna. Entre el templo y las murallas se extendía un terreno de propriedad de la Iglesia sobre el que, quando ésta en el 313 obtuvo la libertad de culto (al tiempo del primer obispo conocido, Materno), surgía, según los datos que hoy poseemos, un edificio eclesiástico largo más de 150 metros.
Entramos en el baptisterio por el lado este, que da al Rin; pasando por un ala habitable llegamos al atrio encima a la escalera, que contiene sobre tres lados el

Arriba, el «Nadelöhr», el arco lateral de la puerta romana septentrional, vecino al Duomo.

A la derecha, una sugestiva imagen de la zona del ábside del Duomo; abajo, una vista de los elaborados contrafuertes erizados de agujas y pináculos.

HOTEL

templete romano, llegando al fin a la iglesia episcopal, larga casi 40 metros.
Puesto que la iglesia primitiva no era más suficiente para hospedar a los fieles, alrededor del año 565 el obispo Carentius amplió el atrio, creando de esta manera la segunda catedral, un edificio largo casi 85 metros que fue ulteriormente ampliado y acabado por el obispo Hildebold, amigo y consejero de Carlomagno, quien se inspiró a la abadía de San Galo.
Cuando Hildebold fue nombrado arzobispso y metropolita de la nueva provincia, que se extendía ahora ya desde Bélgica hasta Hamburgo, llevó a cabo el proyecto de una catedral aún más grande que, empezada en el año 818, fue consagrada en el 870. Gracias a los hallazgos hoy a nuesta disposición, tenemos datos ciertos respecto a los varios edificios preexistentes a la catedral actual, del período romano en adelante.
Preciosos manuscritos de la época de Hildebold están hoy conservados en la biblioteca de la catedral, mientras otros más están expuentos en la tesorería. El arzobispo Bruno, hermano del emperador Otón I, al regreso de su viaje a Roma trajo consigo algunos relicarios; sin embargo, las obras de mayor resalto entre las que fueron trasladadas de la catedral romana a la gótica, son la *Cruz de Gero*, que el arzobispo homónimo hizo esculpir después de su viaje a Bizancio (anteriormente al 976), y el *Relicario de los Reyes Magos.*
El emperador Federico Barbarroja, cumplida la conquista de Milán, envió al canciller para Italia, el arzobispo de Colonia Rainald von Dassel, como preciosísimo botín de guerra, los huesos de los Reyes Magos, que en 1164 fueron trasladados a la catedral de Hildebold entre el júbilo de la muchedumbre. Colonia se convirtió así en una de las más importantes metas de peregrinaje del mundo cristiano. El más conocido orífice de esos tiempos, Nicolás de Verdun, en 1181 se puso a trabajar al relicario de los Reyes Magos que, una vez terminado, en 1230, representaría una obra de valor sin par en el mundo.
Más tarde, en 1248, el Cabildo de la catedral decidió construir la catedral gótica, en cuyo centro se hubiese

Arriba, una imagen de la estatua de la Virgen María con el Niño que parece acoger a los fieles desde lo alto de la puerta principal del Duomo, lazo entre el Viejo y el Nuevo Testamento.

A la derecha, un elegante y originalísimo elelento decorativo de los portales del Duomo.

A la izquierda, la fachada principal del Duomo de Colonia; abajo, un detalle de la puerta central; arriba, el portal meridional, en el extremo sur del transepto.

debido colocar el relicario. En 1288 los consejeros comunales grabaron las tres coronas de los Reyes Magos sobre el blasón de la ciudad, donde aún siguen estando. En los años 1961-1973 el relicario tuvo que ser restaurado a causa de los daños acumulados en el curso de sus ochocientos años de historia; los orfebres Fritz Zegruber y Peter Bolg la devolvieron su antiguo esplendor.

La parte figurada del *Relicario de los Reyes Magos* constituye un verdadero compendio teológico. Los recuadros laterales de la faja inferior simbolizan, en la representación de los Profetas que rodean al rey David y a Salomón, la revelación de Dios al pueblo hebráico. La parte frontal, trabajada en oro puro, está compuesta por la figura central de Cristo sentado en el regazo de la Virgen y por los Reyes Magos en adoración, que traen sus ofrendas. Ellos representan al mundo pagano que, y guiado por la estrella, halla la vía que conduce a Jesucristo. Dios siempre se ha manifestado al hombre no solamente por medio de su palabra, sino también trámite fenómenos naturales. En la zona superior del *Relicario* aparece Jesucristo rodeado por los doce apóstoles que, al fin de todos los tiempos, juzgarán y salvarán a los pueblos con la palabra y el enseñamiento. En la pared posterior están figuradas la Pasión y la transfiguración de Jesucristo.

Una de las obras más relevantes al interior de la catedral es la *Cruz de Gero*, que conmemora al arzobispo de Colonia que, en el 971, fue encargado por el Emperador Otón I de ir a Bizancio a pedire la mano de la princesa Teófano por parte de Otón II. Se trata del más antiguo y más grande crucifijo existente en el mundo occidental, del que ya se había gloriado la catedral románica de Hildebold.

Arriba, el monumental crucifijo de madera de alrededores de 970 donado por el arzobispo Gero.

A la izquierda, el fulgurante y preciosísimo *Relicario de los Reyes Magos* (1180-1230).

A la derecha, una vista de la estilizada y aérea nave de la catedral de Colonia, una de las más altas del mundo.

En esta página, dos imagenes della llamada «Vidriera de Pentecostes», realizada hacia la mitad del siglo XIX. La escena central representa el descenso del Espíritu Santo el día de Pentecostes (izquierda), considerado como el día del nacimiento de la Iglesia. Ello explica la presencia de la escena en la cúspide del vitral, en el cual Pedro aparece representado mientras recibe las llaves del Reino de los Cielos (abajo).

El *coro* de madera de la catedral, con su sillería de 104 asientos, fue terminado en torno a 1330 y está ricamente estallado con escenas figurantes episodios de vida cotidiana que reflejan muy apropiadamente varios estados del ánimo humano. El Papa Juan Pablo II, en ocasión de su visita del 15 de noviembre de 1980, tomó asiento en él y recordó como un tiempo tanto el Pontífice cuanto el emperador eran canónicos de la catedral de Colonia.
Aún hoy las *vidrieras* polícromas confieren a los espacios internos de la catedral un aspecto inconfundible. Las vidrieras de la nave central y de las capillas radiales son consideradas ejemplares por amplitud, riqueza y perfección, en el ámbito de la pintura del vidrio en Alemania. En posición a ellas contrapuesta se encuentran las cinco grandes vidrieras en estilo gótico florido de la nave lateral norte, consideradas entre las obras maestras del arte medieval del vidrio. En el siglo XIX la catedral se enriqueció de importantes obras de arte procedentes de iglesias secularizadas. Algunas de las vidrieras de la catedral que fueron destrozadas, han sido reconstruidas utilizando las vidrieras de estas iglesias, puestas en salvo gracias a la intervención del canónico Ferdinand Wallraf. En su volumen *Las vidrieras medievales de la catedral de Colonia*, Herbert Rode afirma que el patrimonio de las vidrieras, constituido por más de 4100 elementos (entre figuras, arquitecturas y ornamentos), refleja estilísticamente la evolución del arte del vidrio en Colonia en el período que va de 1260 a 1562.
De particular importancia son las dos así llamadas *vidrieras de la Biblia*. La más antigua, en la que todavía se puede notar el influjo románico, fue creada antes de 1260. Dividida en dos partes, ilustra en diez recuadros al Nuevo y al Viejo Testamento, desde la creación de Eva hasta la Ascensión de Jesucristo. Las imágenes con la Virgen, que ha dado a luz al Salvador, y las que representan a Cris-

to Pantocrator, están contraseñadas por una decoración que simboliza los signos de la soberanía real. La segunda vidriera de la Biblia, análoga a la precedente, fue donada antes de 1280 por Alberto Magno y por el arzobispo Siegfried von Westerburg a la iglesia dominica que se levantaba en el lugar hoy ocupado por el edificio de Correos. Fue F. Wallraf quien, tras la demolición de la iglesia, en 1804, salvó la vidriera y la hizo trasladar a la catedral en 1823. Hoy día está colocada en la capilla de San Esteban, detrás del altar de los Patronos de la Ciudad, obra de Stephan Lochner.

Lo que más impresiona al entrar en la catedral es su extraordinaria altura. La longitud externa del edificio es de 144,58 metros, mientras la torre mide 157,38 metros; la nave central mide 119 metros de largo y alcanza una altura de 43,35 metros. Los ventanales de la nave central, con 48 imágenes de reyes, son altas 17 metros, mientras las de la nave lateral 19,80 metros. Una galería con ventanas de tres huecos que corre a lo largo de todo el interior de la iglesia constituye un elemento unificante y armonioso. El conjunto de las vidrieras (una superficie total de 10.000 metros cuadrados, 1.500 de los cuales representan episodios del Evangelio) confiere al edificio ligereza y luminosidad.

En la zona inferior del ábside resalta el *Grupo de los Apóstoles* (5 metros de alto), cuyos baldaquinos están coronados por ángeles musicantes.

Junto a las *vidrieras de la Biblia* se vinieron conservando en la catedral, a partir de la Revolución Francesa, también otras obras maestras de los siglos precedentes, que han encontrado aquí su colocación definitiva. Entre ellas, son dignas de particular mención el altar del convento de las Clarisas, cerca de la torre romana, y el altar de los Patronos de la Ciudad, una obra de Stephan Lochner procedente de la capilla del Ayuntamiento. El *Klarenaltar* se articula en tres di-

Donada por el rey Ludwig I en 1847 e instalada en el lado sur del Duomo al año siguiente, en concomitancia con la celebración del sexto centenario del inicio de las obras de construcción de la catedral, esta gran vidriera esta dedicada al Lamento sobre Cristo muerto, con la representación arriba de la Última Cena.

ferentes niveles, que ilustran las varias fases de la Salvación: en el registro de las fiestas solemnes están representados sobre un fondo dorado los doce Apóstoles, y en la parte baja doce vírgenes; el segundo, utilizado en los domingos y en las otras festividades, describe la Anunciación y la vida de Jesucristo hasta la Pasión y la Ascensión al Cielo; el tercero está ocupado por santos y santas que en vida se comportaron con ejemplar espíritu de franciscana devoción. El altar, que se remonta a 1350-1400, ha sido nuevamente colocado en la catedral una vez terminado el trabajo de restauración para el que se han empleando casi treinta años.

El *Altar de los Reyes Magos,* los «Patronos de la Ciudad», realizado por Stephan Lochner en los años 1442-1445, viene hoy en día simplemente llamado «Imágen de la Catedral». En el centro, los tres Reyes, ricamente vestidos y rodeados por su séquito, ofrecen sus dones a Nuestro Señor; por detrás está figurada la Anunciación. Junto con otras obras importantes de la catedral, el altar constituye un testimonio de la producción artística a carácter religioso de aquel siglo en la zona renanoholandesa. El nombre del autor de esta obra

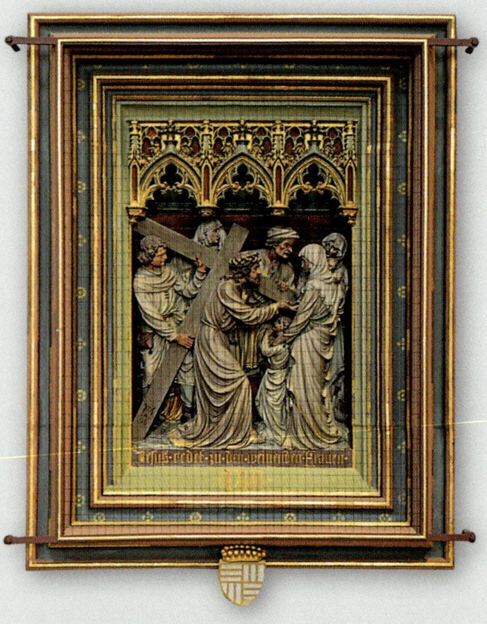

La treceava (arriba) y la catorceava son al contrario, verdaderos grupos escultóricos de dimensiones que superan la grandeza natural. Todos fueron realizados a finales del siglo XIX por Wilhem Mengelberg.

El Via Crucis del Duomo de Colonia está repartido en las habituales 14 estaciones, identificadas por imágenes devotas. De estas, 12 han sido realizadas en altorelieve pintado (arriba y a la derecha).

ha podido llegar a nosotros, gracias a Albrecht Dürer, quien escribe en su diario que durante su visita a Colonia se hizo mostrar dos veces el cuadro por un guardián. En aquella época el cuadro estaba todavía en la capilla del Ayuntamiento, para la cual había sido originariamente comisionado; sólo tras la destrucción de la capilla la obra vino trasladada a la catedral. Stephan Lochner (1400-1451 aprox.) nos has dejado su autorretrato en la figura central del anta de San Gereon. La grácil mano derecha del artista contrasta con la empuñadura de la doble espada; la mano izquierda cierra el brazo de un discípulo, denotando una profunda conmoción frente al homenaje de los Reyes Magos.

La actual catedral gótica, comenzada el 15 de agosto de 1248 por el arzobispo Konrad von Hochstaden (1238-1261), es el quinto edificio erigido sobre este sitio. El 27 de septiembre de 1322 el arzobispo Heinrich von Virneburg, en ocasión de un concilio provincial, consagró solemnemente el coro oriental, del que se han conservado algunas partes, entre las cuales el altar y los sillones. Una pared con una vidriera separa el coro gótico de la parte aún existente de la vieja catedral, donde las obras habrían proseguido hasta 1560. Tomaron parte a las obras de ampliación algunos miembros de la familia Parler, parientes del autor de la catedral de Praga, Peter Parler.

En 1395 se llevó a cabo la costrucción del primer piso de la torre sur. Las figuras del portal han sido substituidas por copias, mientras los originales, por el momento, están al seguro en el Museo Diocesano (hoy día Kolumba). La parte entre la torre sur y la pared medianera se utilizó desde 1388 como capilla de la Universidad, abierta justo en esos años. En 1507-1508 fueron instaladas las cinco espléndidas vidrieras de la pared norte. Solamente en 1842 el arzobispo cardenal von Geissel y el rey de Prusia Federico Guillermo IV colocaron la primera piedra de las obras de ampliación de la catedral, por las que Georg Forster (1790), Friedrich von Schlegen (1804), Joseph Görres (1814) y muchos otros más se entusiasmaron, y a las que Sulpice Boisserée trabajó incansablemente. El día 15 octubre de 1880, a la presencia del emperador Guillermo I, fue colocada la última piedra de la torre sur: la catedral estaba finálmente acabada después de 632 años de labor.

Mas fué necesario volver al trabajo por la tercera vez, puesto que ya en 1904 los daños causados por los agentes atmosféricos eran más bien ingentes. Para la restauración, el encargado de los trabajos a la catedral, Hertel (1903-1927), instaló un nuevo taller de obras.

Durante el segundo conflicto bélico 14 bombas aéreas cayeron sobre la catedral, causándole graves destrozos; diez bóvedas de la nave superior y cuatro de la nave lateral se vinieron aba-

Arriba, el tríptico llamado «Imágen de la Catedral», pintado alrededor de 1442 por Stephan Lochner, que constituye el ejemplo más significativo de la escuela de pintura tardo-gótica de Colonia. Las retablos de los lados se cierran durante el Adviento y la Cuaresma.

Abajo, el *Klarenaltar*, el «Altar de las Clarisas», muy original con sus tres diferentes niveles.

En el campanario del Duomo repican 12 campanas cada una de ellas con su propio y peculiar sonido.

Abajo, la llamada «Campana de San Pedro».

jo. Al jefe de obras, Weyre (1944-1972), non quedaba otra cosa sino procurar que se pudiera utilizar al menos el coro el 15 de agosto de 1948, día de la fiesta para el septengentésimo aniversario de su fundación. En 1956 la parte occidental estaba nuevamente lista para la celebración de la misa. Pero los trabajos aún continuaron por parte de A. Wolff, junto a 60 operarios lucharon incansablemente contra los daños causados por los agentes atmosféricos y la contaminación. La lucha sigue hoy día después de que la catedral de Colonia fuese integrada, en 1996, dentro del Patrimonio de la Humanidad de la Unesco. Los habitantes de Colonia se han resignado; un refrán popular afirma que «cuando la Catedral estará terminada, será la fin del mundo».

A la derecha, un singular detalle de la catedral de Colonia.

Abajo, el Puente de Hohenzollern que parece extenderse hacia el Duomo y la Ciudad Vieja atravesando el Rin.

Bajo el báculo pastoral: las doce iglesias románicas

Los tres siglos que vieron los arzobispos al gobierno de la ciudad, coincidieron con uno de los períodos de mayor prosperidad en la historia de Colonia; este período comenzó con Bruno, hermano menor del emperador Otón I. En el año 881 los Normandos saquearon y encendiaron la ciudad, que ya había perdido de importancia durante los tumultos, las migraciones y las luchas entre familias de los Francos. Sobre Colonia no se abatieron sólo las naves normandas, sino también, desde Hungría, la veloz caballería del Danubio, que hizo irrupción varias veces en el país, hasta cuando Otón I obtuvo una tregua mediante el pagamento de un tributo y tuvo así la posibilidad de adriestar a un potente ejército a caballo que, en el 955, derrotó a los Húngaros en la batalla de Lechfeld; fue sólo entonces posible un período de pacífica reconstrucción.

Con el fin de acabar con las controversias entre las familias ducales, el emperador Otón I se opoyó a los obispos y a su poder temporal; es así como su fiel hermano Bruno (953-965) fue nombrado gran duque de Lorena y arzobispo de Colonia. En los doce años que duró su gobierno iluminado, la ciudad volvió a resplandecer; incluyendo la isla renana en el cerco de murallas romanas, añadió 25 nuevas hect. al área cercada, que antes era de 100 hect., dando de esta forma mayor seguridad sobre todo a los comerciantes. Espiritualmente Bruno pertenecía a la corriente del orden benedictino, capitaneado por la abadía de Gorze, que él luego llamó St. Pantaleon y que sucesivamente se convirtió en punto de referencia para las artes y las ciencias: en ella reposan hoy sus restos. Su nombre está también ligado con él de los importantes monasterios de St. Andreas, St. Aposteln, Gross St. Martin y St. Maria im Kapitol.

El apogeo del período de desarrollo comenzado con Bruno fue alcanzado en el siglo XIII; se remontan a aquella era, en efecto, las iglesias románicas que aún hoy, con su excepcionalidad, van a formar la riqueza y el orgullo de Colonia. Durante el último conflicto bélico, estas iglesias sufrieron graves daños; a su reconstrucción han contribuido enérgicamente no sólo la Iglesia, la ciudad y el entero país, sino también la «Asociación para la reconstrucción de las iglesias románicas», sustentada por miembros de cada clase social. A ésta se debe el mérito de haber despertado la atención general, sobre

Un risueño ángulo de Colonia, desde el cual se aprecia la inconfundible torre de la iglesia de Gross St. Martin.

todo por lo que respecta a doce iglesias de aquel período: St. Andreas, St. Aposteln, St. Cäcilien, St. Georg, St. Gereon, Gross St. Martin, St. Kunibert, St. Maria im Kapitol, St. Maria Lyskirchen, St. Pantaleon, St. Severin y St. Ursula. Estas doce iglesias nos traen a las mientes las diecinueve imponentes iglesias y monasterios que caracterizaban la vida y el aspecto de la ciudad alrededor del siglo XIII.
El siglo XIII ve el esplendor y la potencia de los Hohenstaufen, pero también su declino. A medida que Federico II (1212-1250) concentra sus objetivos sobre Italia, Sicilia y el Mediterraneo, el poder imperial en Alemania va decayendo, mientras la burguesía y la economía financiera van reforzándose. Los detenedores del poder espiritual y temporal se verán privados de sus privilegios, hasta llegar al autogobierno, a la soberanía militar. En la misma Colonia los ciuda-

Imágenes de la iglesia de St. Andreas: a la izquierda, el *Cofre de los Maccabei*, creado entre 1520 y 1527 por Peter Hanemann para custodiar los restos de los hermanos Maccabei, mártires hebreos del siglo II; abajo a la izquierda, la mesa del altar de la Confraternidad del Rosario, conocida también como la «Madona del Mantel», obra del Maestro de St. Severin de 1510; abajo, una de las antiguas pinturas murales.

danos derrotan, en la batalla disputada cerca la Worringen en 1288, al arzobispo, que desde entonces podrá entrar a la ciudad solamente con el permiso del Concejo. Su carga de obispo y príncipe elector que, según cuanto establecido por la Bula de Oro en 1356, le da facultad para elegir al rey, no será violada en el curso del conflicto. Cuando, el 22 de junio de 1967, los habitantes de Colonia nombran a su amado cardenal Frings ciudadano honorario, esta disputa, olvidada desde hace tiempo, se concertará formalmente.

La **iglesia de St. Andreas**, fundada por el arzobispo Bruno, se levanta casi en frente a las torres de la catedral. En el edificio actual la nave tardo-románica (1220 aprox.) y el coro tardo-gótico (1420 aprox.) forman un conjunto armónico caracterizado por la evidente elevación. La cripta, enterrada a inicios del siglo XV, fue nuevamente sacada a la luz en 1953 y hoy contiene el sarcófago de Alberto Magno. Bajo a preciosos ornamentos de varios siglos, colgado a la derecha de la capilla lateral, se puede admirar al *cuadro del Rosario*, pintado por el Maestro de St. Severin en 1510, que recuerda la fundación (en 1474) de la Ilustrísima Confradía del Sagrado Rosario, de la que era miembro el mismo emperador Federico III, quien estuvo aquí en el año 1475 para proclamar a Colonia ciudad libre del Imperio.

La **iglesia de los Santos Apóstoles**, en Neumarkt, es una obra maestra de la arquitectura románica en Renania y domina la ciudad, desde la zona del mercado, como una corona. Su fundación data alrededor del siglo IX, mientras el coro trilobulado es una añadidura del 1192.

St. Heribert, sobre la otra orilla del Rin, en Colonia-Deutz, no hace parte de las doce iglesias románicas antedichas; es, de todas formas, una atestación de la profunda amistad que existía entre el arzobispo de Colonia y el emperador Otón III en los años 999-1021: en efecto, al arzobispo en punto de muerte, el emperador prometió que habría fundado un monasterio, el actual St. Heribert.

El *relicario* del santo ha llegado hasta nosotros: la obra, de 1170 aproximadamente, es un ejemplo de la riqueza que caracteriza los trabajos de los orfebres de Colonia en la época de Federico I Barbarroja, de la familia de los Hohenstaufen. El relicario

Arriba, una antigua imagen que representa la iglesia de St. Cäcilien junto a la más grande dedicada a San Pedro.

Abajo, otra valiosa obra de arte que se puede admirar en la iglesia de los Santos Apóstoles: un expresivo San Miguel Arcangel.

Iglesia de los Santos Apóstoles: arriba, el espléndido retablo de altar neo-gótico de 1910 en el cual está colocada una escultura de la Madona con el Niño del siglo XVI.

En la antigua iglesia de St. Cäcilien, con el apoyo de nuevos edificios anexos y de un equipamiento fascinante, está alojado actualmente el Museo Schnütgen, una de las más importantes colecciónes de arte medieval de Europa. Al lado, lo que resta aún de la antigua iglesia y monasterio de San Pedro, es la sede de un importante centro de arte, la Kunst Station St. Peter.

Abajo, uno de los preciosos frescos cenitales (siglo XIII) de Santa Maria Lyskirchen, la más pequeña de las doce iglesias románicas de Colonia.

(153 cm. de largo por 42 de ancho y 68 de alto) está realizado en plata y en láminas de cobre doradas y esmaltadas, y embellecido por filigranas y piedras preciosas. En la parte anterior está representata la Madre de Dios, sentada en el trono, con dos ángeles al lado; en la parte posterior se encuentra St. Heribert, con al lado las figuras alegóricas de la Humildad y de la Caridad. Sobre los flancos laterales una decoración a esmalte representa a los Apóstoles que, rodeados por los Profetas, llevan en las manos libros abiertos con grabados los versos del Credo. También las superficies superior e inferior están divididas en dos partes: cada uno de los grandes medallones de esmalte cuenta una escena de la vida del santo.

La **iglesia de St. Cäcilien** recuerda un importante colegio femenino donde, por tradición, el arzobispo solía celebrar la segunda misa de Navidad. En la actual iglesia, que data de los años 1150-1170, está conservada la valiosa colección del **Museo Schnütgen**.

Preciosa obra de arte en St. Maria im Kapitol: arriba la denominada «Madonna de Limburgo» (siglo XIII); abajo, un detalle de los batientes tallados de la puerta; a la derecha, el imponente «lettorio», original divisoria entre la nave y el ábside sobre el cual trona el moderno órgano de tubos.

Se trata de la única entre las antiguas iglesias colegiales que, al lado de una parroquia, haya sobrevivido a la secularización del 1803. Fue utilizada como capilla del Hospital Civil, destruido durante la segunda guerra mundial.

St. Maria im Kapitol fue fundada a finales del siglo VII por Plectrude, esposa de Pipino de Heristal, en el sitio donde antes surgía el templo capitolino romano. El arzobispo Anón consagró el edificio actual en 1605. Una vez ultimadas las obras de restauración necesarias tras los destrozos de la última guerra, el cardenal Hoffner pudo volver a celebrar en ella la Santa Misa en la Navidad de 1984, continuando así la antigua tradición que quería que el arzobispo de Colonia celebrase en esta iglesia la misa del gallo cada Navidad. Dignos de gran interés son los batientes del portal, que se remontan al año 1050 e ilustran en 26 altorrelieves la vida de Nuestro Señor, empezando por la Anunciación para terminar con

la bajada del Espíritu Santo. En este portal de madera podemos admirar el estilo, típico de aquel período, de los relieves en marfil.

St. Georg, erigida sobre las peredes maestras romanas, es la única basílica con columnas prerrománicas que

haya quedado en Renania; la fundó en 1059 el arzobispo Anón. Único en su género es también el macizo edificio a oeste de la iglesia que, visto desde fuera, aparece como un solo e inarticulado bloque cúbico; sin embargo el interior, con los tres tímpanos de los arcos y la división en dos pisos, revela una inesperada ligereza. Data del año 1188.
St. Maria Lyskirchen, del siglo X, está situada fuera de las antiguas murallas, en el barrio del puerto, y sigue aún hoy mirando hacia el puerto sobre el Rin. El presente edificio, en estilo románico, fue levantado cerca del año 1220. No obstante algunas modificaciones llevadas a cabo en los siglos sucesivos, han quedado inalterados los antiguos frescos del techo que, restaurado, desde 1934 ha vuelto a su originario resplandor. En 1947 se repararon también los daños, afortunadamente no demasiado graves, sufridos en el curso del último conflicto. En el techo y en las paredes se puede admirar una de las series más vastas de frescos de artistas renanos del siglo XIII.
St. Severin es, junto a la catedral, a St. Gereon y a St. Ursula, una de las iglesias más antiguas de Colonia. Su historia tiene inicio en el siglo IV. La parte oriental de la cripta y el coro románico, muy articulado, se ultimaron antes de 1237. Testimonio de la decoración originaria de la iglesia es la imagen en esmalte del santo, hoy custodiada en el Museo Diocesano (Kolumba), que en el siglo XI estaba colocada en su relicario, desgraciadamente destruido en los años de la Revolución Francesa. Estrechamente ligados con St. Severin son los grandes maestros de la pintura en tablas del siglo XV, como el Maestro de Santa Verónica y el de St. Severin, algunas obras de los cuales permanecen todavía en esta iglesia.
También las **fortificaciones** testimonian la grandeza de Colonia en las épocas pasadas. El arzobispo Bruno ya había ampliado la ciudad romana creando la zona residencial de los comerciantes, situada hacia la orilla del Rin. En 1106 los ciudadanos, haciendo valer su soberanía militar, volvieron a estender la superficie del suelo de la ciudad, que de 125 hect. alcanzó las 217 hect. El tercer engrandecimiento, realizado a partir de 1180, permitió la inclusión de St. Severin, St. Pantaleon, St. Mauritius y St. Gereon. A protección de la ciudad se incorporaron a las murallas 12 puertas y 52 torres, de las cuales se conservan hoy la puerta de Severin, la Hahnentor y la Eigelsteintoburg.
St. Pantaleon es una de las pocas iglesias que se remontan al período de los Otones, es decir a la segunda mitad del siglo X. El imponente edificio es expresión de la grandeza imperial y del alto nivél alcanzado por el arte alemán y extranjero. Esta iglesia nos hace regresar al

Arriba, la torre de la iglesia de St. Severin.

A la izquierda, la puerta de Severin, una de las 12 puertas incorporadas al recinto amurallado después de la tercera ampliación de la ciudad.

A la derecha, el lado oeste de la iglesia de St. Pantaleon muy antigua, retornando al periodo de los Otones.

Arriba, el ábside oriental de St. Gereon (siglo XII); abajo, la cúpula decagonal (1219-1227) con el gran órgano y una imagen del sugestivo barreño absidal.

tiempo de los emperadores sajones y nos trae a las mientes a la emperatriz Teófano que, al igual del arzobispo Bruno, quiso ser sepultada aquí. En el período románico cerca de St. Pantaleon se encontraba un importante laboratorio de orfebrería y miniatura.

St. Gereon es la iglesia más grande de la época románica. Fue levantada sobre los vestigios de una construcción romana de planta decagonal, ricamente decorada con magníficos mosaicos y dedicada a los así llamados «mártires de la legión de Tebas», capitaneados por St. Gereon, quien, tras padecer el martirio alrededor del año 300 junto a sus compañeros, fue nombrado patrono de la ciudad. Gregorio de Tours nos cuenta en sus escritos que los cuerpos de los mártires se arrojaran dentro a un pozo, que hasta hoy no ha sido localizado. El nombre de «Basílica S. Gereonis Martyris» aparece oficialmente en el año 612. Los Merovingios la eligieron como iglesia para las coronaciones y las manifestaciones conmemorativas, y aquí fueron sepultados los obispos Hildebert (fallecido en el 762) e Hildebold (fallecido en el 818). Ya en el 840 se hace mención de la casa parroquial, que quedará de pie hasta 1802. A la restauración de la iglesia, tras la segunda guerra mundial, han partecipado famosos artistas, aunque sólo en 1984 el edificio ha sido completamente devuelto a su función religiosa. Las vidrieras, obra de Georg Meistermann y Wilhelm Buschulte, y los mosaicos del pavimento del siglo XI, engastados en la cripta que el arzobispo Anón hizo añadir

a la parte central del coro, subrayan, junto con numerosas otras obras de arte antiguas y modernas, la importancia que tiene esta iglesia de estructura decagonal, alta 48 metros, que no teme comparaciones con la de Santa Sofía de Estambul o la catedral de Florencia. El aspecto actual de esta iglesia, la más interesante de Colonia después de la catedral, se remonta a los años 1219-1227.

Santa Ursula y sus vírgenes, junto con San Gereon y los Reyes Magos, figuran entre los patronos de la ciudad. Según cuenta la leyenda, Ursula, volviendo con sus compañeros de un peregrinaje a Roma, fue martirizada por los Hunos, que en aquel entonces asediaban Colonia. La veneración de la santa se difundió en todo el Occidente. La **iglesia de St. Ursula**, según lo confirmado por las excavaciones, data alrededor del 400. El matroneo románico que hoy podemos admirar, se realizó en el siglo XII y es el primer ejemplo de su género en la región meridional del Rin. Las once llamas que figuran en el escudo de la ciudad quieren simbolizar a Santa Ursula y a las vírgenes.

Data del 1149 el más antiguo sello de Colonia que haya llegado hasta nosotros con la inscripción «Santa Colonia, fiel hija de la Iglesia romana por la gracia de Dios». En base a ello los habitantes de Colonia obtendrán que sus propios derechos sean reconocidos: en el año 1106 consiguen el derecho de fortificación y de soberanía militar, cuya directa consecuencia será la segunda ampliación de la ciudad y, a partir de 1180, la tercera, que hará de Colonia la ciudad más vasta y populosa de Alemania. Quedan como testimonios de tanta grandiosidad las puertas, los restos de las murallas y el palacio de la potente familia Overstolzen, en la Rheingasse.

St. Kunibert, la última de las grandes iglesias románicas de Colonia, fue consagrada en 1247, es decir un año antes que se colocara la primera piedra de la catedral. Sobre la maciza estructura del edificio predominan los elementos góticos, que le confieren un caractere solemne y luminoso. La iglesia, del siglo VII, estaba originariamente dedicada a San Clemente, bajo cuyo nombre se conocía hasta el 663, el año en el que fue sepultado el obispo Kunibert. En el 687 fueron aquí colocadas también las tumbas de los dos misioneros anglosajones de nombre Ewald, cuyo relicario tuvo que ser restaurado en el siglo XIX. En 1215 se construyeron, bajo el coro este en dirección del Rin, la cripta y una fuente tenida en particular consideración por la tradición popular, según la cual los niños de Colonia nacen: de la «fuentecilla de Kunibert». La decoración cuenta con muchos objetos de valor, como por ejemplo los manteles de lino del relicario dedicado a los dos misioneros Ewald, del siglo IX, y el relicario del 1220, que están custodiados en la tesorería de la iglesia. Las vidrieras del coro y del crucero, realizadas en 1230, pueden ser incluidas entre las obras de mayor resalte producidas por el arte románico de la pintura del vidrio en Alemania.

En esta página, imágenes de Santa Ursula, donde, en el coro, se conservan, además de preciosos relicarios, los célebres bustos-relicarios de la santa.

La **iglesia de Gross St. Martin**, por su majestuosa torre, constituye un símbolo de Colonia. Destrozada durante la guerra, tuvo que ser casi enteramente reconstruida; la compleja y radical restauración de su interior pudo considerarse completada solamente en 1985. El coro trilobulado,

que da al Rin, constituye una de las obras más insignes de la arquitectura románica. Cuando el Rin está de llena, vuelve a la memoria el hecho que la iglesia en realidad surge sobre la isla que, en la época del arzobispo Bruno, fue puesta en comunicación con la orilla del río e incluida en el cerco de murallas. Hoy en día está situada en el centro de la ciudad antigua, transformada en la posguerra en área recreativa para los ciudadanos y los turistas. También esta iglesia atestigua el elevado nivél alcanzado por la arquitectura local en el período que va desde 1150 hasta 1250.

En 1985 la persona encargada a los monumentos de Colonia, Hiltrud Kier, escribe en la introducción a su gran volumen ilustrado sobre las iglesias románicas de la ciudad: «Colonia es la única ciudad del mundo que conserve en su centro histórico doce grandes iglesias románicas. En el Medioevo era la ciudad más importante de Alemania y la tercera en el mundo por extensión, después de Roma y Costantinopla. Los ricos mercaderes de Colonia fomentaban el embellecimiento arquitectónico de la ciudad, en la que los muros defensivos, las casas torreadas sede de tráficos mercantiles, el Ayuntamiento, pero sobre todo las iglesias, ofrecían un panorama incomparable a quien lo observara desde el Rin. Seguramente todos los comerciantes que llegaran de afuera debían quedar extasiados frente a esa visíon inolvidable, símbolo de la potencia económica de Colonia. El ingente número de reliquias de santos venerandas en las iglesias románicas, que atraían a una muchedumbre de creyentes en peregrinaje, se enriqueció de importantísimas piezas en el año 1164, con la adquisición de las reliquias de los Reyes Magos para la catedral, concebida como centro monumental de la corona de iglesias que ciñe a la ciudad».

Página de la izquierda, el espléndido interior de St. Kunibert.

En esta página, el ábside y la inconfundible y majestuosa torre de Gross St. Martin, que con la imponente mole domina las típicas casitas de sonrientes fachadas a orillas del Rin. Excavaciones realizadas durante los años sesenta del pasado siglo, cuando la iglesia aún debía ser restaurada después de las destrucciones de la guerra, sacaron a la luz interesantes restos de un edificio que preexistente, datando del siglo I (a la izquierda).

Heinzelmännchenbrunnen
La fuente de los Heinzelmännchen

A pocos pasos del Duomo hay una curiosa fuente que se relaciona a una antigua leyenda unida a la ciudad. Cuando Colonia no era más que un pequeño pueblo, las noches eran animadas por activos *Heinzelmännchen*, duendes que hacían de todo, que se dedicaban a las tareas ciudadanas: los que limpiaban y desengrasaban, los que amasaban y horneaban el pan, los que se dedicaban a los trabajos domésticos. Terminados sus trabajos, desaparecían. Los habitantes de Colonia en aquellos tiempos holgaceaban todo el día, porque al despertar, encontraban cada actividad misteriosamente realizada. Este idilio cesó una tarde, cuando la mujer del sastre, sin poder resistir a la curiosidad, quiso descubrir a toda costa quien llevaba a cabo los trabajos. Durante la noche esparció un puñado de guisantes secos por las escaleras, de manera que hiciesen caer por el suelo al desconocido visitante. Los nomos, cogidos infraganti, se indignaron hasta tal punto, que no se dejaron ver nunca más en ciudad. Desde aquel día los holgazanes habitantes de Colonia tuvieron que realizar ellos mismos todas sus tareas. Esta leyenda, transcrita por un profesor en el 1826, inspiró al pintor y poeta August Kopisch, que en 1836 creó una poesía.

La graciosa y famosísima «Fuente de los Gnomos», casi un símbolo de Colonia, y ciertamente la imagen más bella de una de sus más queridas leyendas.

Los gnomos de Colonia

¡Que fácil era la vida
en Colonia con los gnomos!
Se era indolente…descansando
En un tumbona.
Llegaban de noche,
con un relámpago,
estos hombrecillos, en horda,
como un rumor ensordecedor,
empujando y apartando,
saltando y trotando,
limpiaban y desengrasaban,
¡y antes de que el holgazán se despertase, el trabajo estaba hecho!

Los carpinteros se tumbaban y se desperezaban.
Mientras tanto, un grupo de gnomos
venía a ver la tarea…
Cogiendo sierra y martillo,
cortaban y serraban,
martillaban y perforaban,
rompían y clavaban,
medían con ojo de halcón
y ponían las vigas…
Y antes de que el carpintero pudiera
darse cuenta…
¡La casa estaba lista!

El panadero también estaba servido.
Los indolentes jóvenes se tumbaban,
y los gnomos entraban en acción
portando, gimiendo,
los pesados sacos de harina.
Amasaban con vigor,
Pesaban con exactitud,
mezclaban,
limpiaban,
horneaban,
batían y trituraban.
Y mientras los jóvenes aún
roncaban en coro:
¡el pan fresco ya salía del horno!

Con el carnicero lo mismo sucedía:
Mozos y aprendices descansaban.
Mientras tanto los gnomos llegaban y
cortaban la carne a lo ancho y a lo largo.
Tan rápidos como las aspas
del molino las hachas se movían
cortando las salchichas.
Lavando sin pausa,
mezclando, trituraban,
rellenaban, frotaban.
Cuando el aprendiz los ojos abría…
¡las salchichas ya estaban en la tienda!

Con el bodeguero las cosas eran así:
Bebía hasta caerse, y apoyado en los toneles, se dormía.
Los gnomos se ocupaban del vino.
Sulfatando
girando y alzando
aclarando
vertiendo
mezclando.
El bodeguero aún no se había
¡Despertado, que el vino ya estaba mejorado!

Una vez fue el sastre quien estuvo
en apuros, el traje de gala tenía que
estar listo, pero se puso a dormir
placidamente en un rincón.
Al instante los gnomos alegremente
se colaron bajo la mesa del sastre.
Cortaban y cosían,
adornaban y pegaban,
ajustaban,
planchaban y guardaban.
¡Y antes de que el sastre se despertase
el traje del alcalde...estaba listo!

La mujer del sastre era curiosa,
y para divertirse, la noche siguiente,
esparció guisantes bajo la escalera.
Los gnomos vinieron en silencio,
uno resbaló y cayó al suelo.
Los otros resbalaron por la escalera
y ruidosamente, gritando e imprecando,
¡cayeron en la tina!
Ella, al oír el ruido, encendió las luces:
¡en un abrir y cerrar de ojos…todos desaparecieron!

¡Ay! Se fueron todos,
no quedó ninguno.
Ya se puede descansar como antes,
¡ahora, todos tienen que trabajar!
Ahora, cada uno tiene que espabilarse
otra vez,
rascar y rallar,
correr y trotar,
vestirse,
batir y triturar,
cocinar y cocer.
¡Ah, si todo fuese como antes!
¡Pero esos tiempos no volverán más!

Colonia hasta la Guerra de los Treinta Años

Ya en los tiempos en que los arzobispos estaban al mando de la ciudade, Colonia poseía el derecho de descarga para las mercancías transportadas sobre el Rin; efectivamente, el arzobispo Konrad von Hochstaden, en 1259, les había garantizado esta facultad a sus «fieles» conciudadanos bajo la «petición» de ellos mismos.

Gracias a este derecho Colonia se volvió un importante centro político-económico del comercio mundial, estableciendo relaciones especialmente con Olanda e Inglaterra; demonstración de ello son las ferias internacionales, primaverales y otoñales, que se habrían y se cerreban al toque de las campanas de Gross St. Martin.

En el 1367 Colonia llegó al ápice de su potencia comercial: el día 19 de Noviembre de este año, en efecto, los representantes de las ciudades anseáticas, reunidos en el Ayuntamiento de la ciudad, dieron fin a la guerra contra el rey danés Waldemar IV Atterdag y obtuvieron la libertad de comercio en el Mar Báltico. En memoria de aquel acontecimiento, la sala del Ayuntamiento adonde fue firmado el acuerdo lleva aún hoy el nombre de «Sala anseática», aunque si, a decir verdad, Colonia no había partecipado a la batalla.

Los siglos XIII y XIV no se destacaron tan solo por las luchas interiores entre ciudadanos y arzobispos, de las que ya hemos hablando, sino también por los conflictos entre las antiguas familias y los gremios, que hiban adquiriendo siempre más poder. En 1396 estalló una guerra abierta que se concluyó con la conquista del estatuto civil, que quedó en vigor por 400 años hasta la Revolución Francesa. Testimonio de esta victoria es la torre del Ayuntamiento, alta 61 metros, erigida entre 1414 a expensas de las familias de comerciantes. También la Capilla del Ayuntamiento, construida en el 1426 en la esquina sur-occidental del edificio, alcanzó cierta celebridad, puesto que para ella, en los años 1442-1445, Stephan Lochner pintó el lienzo que representa a los patronos de la ciudad: los Reyes Magos junto con San Gereon y Santa Ursula. Este lienzo, puesto en salvo en 1800 por Franz Ferdinand Wallraf y donado a la catedral en 1810, está conocido en todo el mundo como «Imágen de la Catedral».

También otras famosas obras sagradas del período que va desde el siglo XIV hasta el XVI se encuentran hoy día en las iglesias de Colonia. Entre los artistas de esa época, cabe men-

Joos van Cleve, *La Muerte de la Virgen*, primera mitad del siglo XVI, Museo Wallraf-Richartz.

cionar a Wilhelm, el más viejo maestro genealogista y autor del cuadro de Verónica, y al Maestro de San Severino, al que se debe, entre otros, el primer cuadro de la Cofradía del Sagrado Rosario para la iglesia dominica, actualmente conservado en la iglesia de St. Andreas. Una serie de cuadros aún más significativos de aquel período está custodiada en el Museo Wallraf-Richartz, que lleva el nombre de la persona que, gracias al propio amor por el arte, salvó muchas obras de gran valor antes de la Revolución Francesa. Ni siquiera él, sin embargo, pudo impedir que una parte aún más consistente del patrimonio artístico sagrado de Colonia fuese destruida tras la ocupación francesa y la secularización del 1803, o que se dispersara por todo el mundo.

Entre los edificios de aquel período se pueden aún hoy admirar el **Gürzenich**, el palacio de las fiestas construido en los años 1437-1447, una serie de típicas casa burguesas y el **Depósito sobre el Rin**, de los años 1558-1568. Casi todos estos monumentos fueron víctima de los bombardeos en la última guerra, pero han sido nuevamente restituidos a la belleza de un tiempo y nos das una idea de la potencia y del fasto de Colonia.

El 1475 es un año decisivo en la historia de la ciudad: el emperador Federico III, siempre bien dispuesto hacia Colonia, le confiere el título de «ciudad libre del Imperio». Con este paso fue ratificada definitivamente la independencia respecto a los príncipes electores, que los ciudadanos de Colonia habían conquistado en el año 1288 en la batalla de Worringen. Era el período del primer Renacimiento, durante el cual las familias burguesas intentaban demostrar su importancia a través de sus propios palacios. Aunque la mayoría de ellos ha caído víctima de las bombas del último conflicto, algunos han sido reconstruidos y hoy podemos admirar su belleza. El individualismo era el elemento fundamental sobre el que se basaba aquella época.

Entre los personajes de los retratos de Barthel Bruyn el Viejo (1493-1556) encontramos a importantes comerciantes, alcaldes y doctos, que representan el espíritu y la vida de aquellos decenios. Cabe recordar, también, al arte de la imprenta, que desde 1466 en adelante desempeñó un papel muy importante en Colonia. Anton Woensam nos ha transmitido una imagen de la grandeza y esplendidez de Colonia durante ese período en su famoso grabado del 1513 intitulado *O Felix Agrippina Nobilis Romanorum Colonia* («Afortunada Agripina, noble colonia romana»). En este grabado está representada toda la parte de la ciudad sobre el Rin, desde la Bayenturm hasta las fortificaciones cerca de St. Kunibert. La catedral domina la ciudad: por encima del segundo piso de la torre sur está figurada la grulla que quedaría símbolo de Colonia hasta 1868, cuando inicia la última fase de las obras a la catedral.

Maestro alemán que trabajó en Colonia entre 1410 y 1440, *Tríptico*, que data de esos años, Wallraf-Richartz-Museum.

Demasiado a menudo la historia nos es trasmitida tan solo como una serie de fechas de exterminios, guerras y catástrofes; algunos eventos de esta especie no han faltado tampoco en el pasado de Colonia. El estrago de Worringen, de 1288, cuando los habitantes de Colonia expulsaron de la ciudad al arzobispo, estuvo precedido por una serie de luchas interiores, que no se atenuaron ni siquiera más tarde. La torre del Ayuntamiento, a cuya construcción fueron condenadas por los artesanos las familias de los poderosos, es un testimonio duradero de la lucha entre las dos clases.

Ni tampoco faltaron calamidades y epidemias, como por ejemplo la epidemia de peste que stalló en 1349 y que tuvo consecuencias muy graves. También en el año en que murió Stephan Lochner, el 1451, la peste se abatía sobre la ciudad. Las persecuciones y la echada de los hebreos, en 1424, nos dan una idea de la reacción supersticiosa que mucha gente tuvo frente a aquella situación. En el lugar donde hoy se encuentra la Capilla del Ayuntamiento, para la cual Stephan Lochner pintó el lienzo de los Reyes Magos, surgía desde 300 años la Sinagoga, que seguidamente fue destruida: el baño ritual (el «Mikvéh») fue hallado tras las destrucciones de la guerra.

Se poseen también noticias por lo que respecta la insurrección de los tejedores, en 1370. La tristeza de aquel período nos es además revelada por las obras de arte de la época, sobre todo por el *Crucifijo de la peste*, que se adoraba desde 1304 en St. Maria im Kapitol. Las personas buscaron y hallaron conforte en la fé: en el crucifijo vieron representado el sufrimiento de Nuestro Señor y el dolor de la Madre, y comprendieron su significado espiritual.

Nos narran en cambio de un mundo más sereno las escenas pintadas por Stephan Lochner, en las que los ángeles tocan instrumentos y esultan mientras rodean la *Virgen de la Rosaleda*, o suben al cielo (en el cuadro del *Juicio Universal*). Albrecht Dürer, con su cuadro en el que están figurados personajes que,

Arriba, Alberto Durero (Albrecht Dürer), *Flautista y tamborilero*, 1504, Wallraf-Richartz-Museum.
Abajo, Canaletto, *Vista del Gran Canal*, 1735, Wallraf-Richartz-Museum.

tocando el tambor y la flauta, hacen propaganda a la guerra, nos ha dado un ejemplo opuesto al del maestro de Colonia, quien invita a la paz.
En tiempos de necesidad, las órdenes de hermanos limosneros, en particular los Franciscanos, los Dominicos y otros, ofrecieron un ejemplo luminoso con su voto de pobreza y sirvieron de ayuda moral a muchas personas con sus predicaciones. La **Minoritenkirche**, terminada en 1260 y admirada por tantos visitadores puesto que conserva las tumbas de Duns Scotus (fallecido en 1308) y Adolf Kolping (fallecido en 1865), es característica de aquella época por su simplicidad.
Hacia finales del período gótico. Colonia fue un verdadero centro de producción artística; son cerca de 350 los cuadros de aquella época llegados hasta nosotros. La entidad de dicho patrimonio se debe sea al hecho que Colonia no sufrió excesivamente las destrucciones perpetradas por la Reforma, sea al apasionado coleccionismo de personajes como Hüpsch, Wallraf y los hermaos Boisserée, por mérito de los cuales se han podido salvar muchas obras de arte. El número de las obras de arte creadas en aquella época es, de todos modos, mucho más elevado; se presume que ha llegado hasta nosotros no más del 2 o 3% de todo lo que fue entonces realizado. En la actualidad, buena parte de las obras producidas en aquellos siglos son conservadas en el **Museo Wallraf-Richartz**, una de las pinacotecas más importantes de Alemania, creado en 1824 y alojado en el emplazamiento de un antiguo monasterio de una orden menor (sustituido en la actualidad por una sede mucho más moderna). La iglesia fue reconstruida después de los graves daños ocasionados durante la guerra y es en la actualidad la única iglesia franciscana de Colonia. En 1229 los frailes secuaces de San Francisco fundaron cerca de St. Severin un primer convento. En 1244 transfirieron el convento a la antigua parroquia de Kolumba e iniciaron la construcción de la iglesia, cuyo coro fue consagrado en 1260. Las esbeltas bóvedas a nervaduras revelan los nuevos conceptos traídos por la arquitectura gótica. Las paredes se aligeran gracias a las vidrieras preciosamente perforadas. La sencillez externa y la sobredad interna del edificio, sin crucero ni decoración alguna, son expresión del ideal de pobreza y de la total dedición de los frai-

Artista italiano que trabajó en Lucca en torno a 1260, *Madona en el trono con niño*, 1260, Wallraf-Richartz-Museum.

Abajo, Vincent van Gogh, *El puente levadizo*, 1888, Wallraf-Richartz-Museum.

les franciscanos. La restauración de la iglesia después de la segunda guerra mundial (durante la cual un incendio había causado el hundimiento de las bóvedas) se finalizó en 1958. Nada pudo ser salvado de la antigua decoración interior. Las vidrieras realizadas por Kaldenhoff en 1963 armonizan con la excasa cromaticidad del ambiente. El *Retablo de Alsfeld* (1480 aprox.), con sus magníficos colores, invita a la oración y a la meditación. Mucha gente llega aquí desde todos los países del mundo y rezan en la tumba de Adolf Kolping, beatificado en 1991 por Juan Pablo II, quien, en una era en la que Marx y Engels incitaban a la lucha de clase, se batía, en el ámbito de la asociación de garzones, para una reforma corporativa y social. Una prueba de cuanto los habitantes de Colonia amaron las fiestas es el **palacio Gürzenich**, cuyo salón fue construido entre 1437 y 1444. Se trata del más importante edificio en estilo gótico de la ciudad y ha hospedado desde emperadores hasta príncipes electores. A partir de 1955 ha vuelto a ser un palacio de representación, y después de la radical restauración de 1997 ha sido utilizado como apreciada sede para eventos, convites, bailes y conciertos. Su posición, en las cercanías de las ruinas de la **iglesia de St. Alban**, parece querer recordar lo próximas que están la vida y la muerte. En medio de las

En estas páginas, sugestivas imágenes del «Stadtmuseum Kölnisches», el Museo Histórico de la Ciudad de Colonia, alojado en el antiguo arsenal ciudadano del seiscientos. Ofrece una panorámica sobre la historia política, económica y cultural de Colonia, desde la Edad Media a nuestros días.

pilastras y los arcos que han quedado de pie en la iglesia de St. Alban después de la destrucción bélica (solo la fachada que da a la calle ha sido restaurada), las figuras de luto de los padres que lloran a Käthe Kollwitz traen a las mentes los caídos en la guerra, al extranjero y en la patria, y exhortan con insistencia a la paz.

Otro lugar conmemorativo, distante solo pocas centenas de metros, en cercanías del Teatro de la Opera, se encuentra entre las ruinas de la antigua **iglesia de St. Kolumba**. Entre 1457 y 1533 el edificio románico fue ampliado según el estilo gótico. La estatua que representa a la Virgen ha quedado de pie no obstante la guerra; este hecho ha sido interpredado como un milagro por parte de los habitantes de Colonia, quienes ha dado a la estatua el nombre de «Virgen entre los escombros». En 1950, Gottfried Böhm, hijo del gran constructor de iglesias Dominikus Böhm, construyó un pequeño edificio, de planta central y de forma poligonal, que se ha

vuelto uno de los lugares de oración preferidos por los habitantes de Colonia. Entre 2003 y 2007 en este lugar, integrándose al resto con sugestiva maestría, se ha construido un edificio que hoy alberga el **Kolumba**, el nuevo museo de arte sagrado sucesor del histórico Museo Diocesano.

Entre los edificios civiles de Colonia, el **Ayuntamiento** puede jactarse de su colocación central por historia y posición. Levantado sobre el Palacio Pretorio romano, algunos de cuyos restos se encuentran en los subterráneos, encierra en sí mismo la historia de la ciudad, a empezar de 1130, cuando era una «casa civil» del barrio hebraico, o después de 1367, cuando en la así llamada Sala anseática fueron pintados los nueve Héroes buenos y los ocho Profetas (obra de 1410). El vestíbulo renacimental, que ha quedado intacto desde los años 1569-1573, con el relieve que figura a Sansón, a Daniel y al Alcalde Grin en lucha contra el león (se trata de un episodio bufo de la historia de la ciudad), hace reflexionar sobre los violentos contrastes que en aquellos tiempos afligían a Colonia.

Los tumultos espirituales de comienzos de la edad moderna, alrededor del 1500, se hicieron sentir también en Colonia, que sin embargo quedó fiel a la antigua tradición: se abrió al

humanismo pero sin olvidarse de los ideales del pasado. Es significativo el hecho que la planta de la ciudad realizada por Mercator en 1571 llevàse a margen también los vestigios romanos. El atrio del Ayuntamiento (1567-1571) y el arsenal (1596-1602) testimonian el fervor edilicio de la clase burgués en esos tiempos.
En Colonia la Reforma no se afirmó: los tentativos reformísticos de los arzobispos Hermann von Wied (en 1547) y Gebhard Truchsess von Waldburg (en 1582) fracasaron, la ciudad quedó fiel a la antigua confesión y ambos tuvieron que dimitir. Desde 1584 se establecieron en Colonia los Nuncios papales; en 1583 fue nombrado arzobispo de Colonia Ernst von Bayer, el primero de los cinco Wittelsbach. No obstante eso, el vínculo con los Países Bajos de fé protestante era muy estrecho: Rubens vivió algunos años en Colonia y la iglesia de St. Laurenz, cerca del Ayuntamiento, era precedentemente un colegio holandés.

Abajo, el elegante e histórico Ayuntamiento de Colonia, introducido por la refinada logia renacentista.

A la derecha, el majestuoso muro de bronce realizado en 2007 por Ernst Wille junto al Ayuntamiento, en torno al cual se levantaron innumerables añadidos modernos, entre los cuales hay imponentes edificios.

El Renacimiento y el Barroco

Fue el arzobispo von Bayer quien dió inicio a las relaciones con los maestros del Renacimiento y del Barroco de Alemania meridional. Grandes edificios residenciales se encuentran en Brühl y en Bonn. En Colonia, sin embargo, junto a los monasterios, quedan tan sólo obras de decoración, ornamentos de altares y paramentos, entre los cuales una serie de vestiduras sacerdotales, actualmente custodiadas en la Capilla Clementina de la catedral, que el arzobispo y príncipe elector Clemente Augusto I ordenó hacer en 1742 en Lyon expresamente para la encoronación a emperador de su hermano Carlos VII en Francfort. Digna de mención es también la custodia en oro de 1657, que fue robada en la catedral durante un temporal en 1975; obra de Christian Schweling el Viejo, la custodia era una donación del arzobispo Maximilian Heinrich. La obra más importante de este período es el *Relicario de Engelbert,* terminado de hacer en 1633 por Konrad Duisberg para la catedral; los personajes representados son obra de Jeremias Geisselbrunn. Los artistas de aquella época procedian por lo general de Holanda y de Alemania del sur, como el autor del proyecto para la construcción de la Maria Himmelfahrtskirche (1618-1627), Christoph Wamser, que venía de Aschaffenburg. Otras iglesias que cabe recordar son la de St. Maria von Frieden, en la Schnurgasse (a cuyos padres carmelitanos la reina de Francia, Maria de Médicis, desterrana en Colonia, donó una imagen milagrosa), la iglesia de St. Maria en la Kupfergasse (1705-1715) y la de St. Ursula (1705-1712). Cabe mencionar también la Elendskirche, fundada en los años 1765-1778 según el proyecto de Balthasar Spaeth, de la familia de los Groote. La iglesia fue destruida durante la terrible noche del 29 de Julio de 1943, pero seguidamente se procedió a su reconstrucción. El día 6 de Octubre de 1794 las primeras tropas revolucionarias francesas hicieron su ingreso a la ciudad a través de la Hahnentor: la libertad de la «ciudad libre del Imperio» iba hacia el ocaso. La **iglesia de St. Maria Himmelfahrt**, con el anexo monasterio de los Jesuítas, quienes llegaron a Colonia en 1544, fue declarada «Dekadentempel» y una mujerzuela fue colocada sobre el altar mayor, a personificar la diosa de la Razón. Los nuevos propagadores de ideas revolucionarias dieron comienzo a la batalla contra cristianos, iglesias, curas y monasterios. Los ciudadanos, sin embargo, gracias a su valiente resistencia,

Vista de las inconfundibles casas del Alter Markt, frente al monumento erigido en 1884 de Jan von Werth, mercenario de la Guerra de los Treinta Años.

obtuvieron formalmente en París la libertad de culto. En 1796 tuvo fin el culto de la diosa Razón y la St. Mariä Himmelfahrtskirche fue asignada a la Escuela Central, que la alquiló al mejor postor, el comerciante Lorenz Fürth, quien, con la ayuda de algunos amigos, la obtuvo por 300 táleros al año. El día 9 de Noviembre de 1799, Napoleón, con su golpe de estado, puso practicamente fin a la Revolución. Él había comprendido que un sólido orden en la Iglesia era una condición necesaria para la realización de un sistema verdaderamente nuevo; declaró así concluydo el Concordato entre la Santa Sede y el Gobierno francés. Gracias a ello, se volvió a consentir la celebración de la misa y Lorenz Fürth pudo de nuevo poner la iglesia a disposición para su uso originario. Algunos valientes personajes lo imitaron, librando así de una segura destrucción muchas obras de gran valor cultural; muchos otros, al contrario, aprovecharon de la coyuntura para enriquercense. Alrededor de 150 iglesias y monasterios de Colonia, cuyos nombres están hoy recordados por calles y plazas, fueron así destruidos.

La garantía de la libertad de culto no fue suficiente para impedir que todos los bienes de la Iglesia fuesen declarados propriedad del Estado y, a partir de 1797, sistemáticamente secularizados. Por primera cosa, las autoridades comunales pusieron en venta, el día 2 de Noviembre de 1797, el patrimonio artístico de la iglesia jesuíta. Muchos monasterios fueron transformados en cuarteles; los valiosos patrimonios constituidos por bibliotecas y archivos fueron trasladados a París y otron a Bruselas.

El *Relicario de los Reyes Magos*, puesto en salvo en el año 1794 en el monasterio de Weddinghausen, cerca de Arnsberg, volvió a Colonia en el 1803, aunque gravemente dañado. En el 1815, tras el Congreso de Viena, Colonia pasó a Prusia: el período francés se concluyó después de 21 años y a recordarlo no quedan que algunas palabras de origen francés en el dialecto de Colonia. El mismo nombre del célebre perfume «4711» se remonta al período aquel: en 1795 la ciudad había sido dividida en cuatro distritos y las casas contraseñadas por una numeración progresiva; es así como la casa sobre la Glockengasse, seguidamente habitada por la familia Mühlens, tomó el número 4711, y el agua de Colonia que en ella se fabricaba se volvió famosa en el mundo entero gracias a este número.

Con su política rigurosamente neutral, Colonia consiguió estar a lo largo de las guerras de los siglos XVI, XVII y XVIII, pero al mismo tiempo perdió importancia e influencia respecto a las ciudades del sur de Alemania, que mientras tanto se habían ido desarrollando. También la expulsión de los ricos y poderosos Geusen, en 1575, pocos años más tarde de la fundación de la Lonja de Colonia, tuvo un efecto desfavorable. Los arzobispos, en calidad de príncipes electores, establecieron su propria residencia en Bonn, y como consecuencia de ello desde 1288 no les fue permitido entrar a la ciudad sin la autorización del Concejo; el desarrollo burgués de la

Página de la izquierda, arriba, el interior de St. Maria Himmelfahrt (1618-1627), austero y solemne; abajo, el Museo del Perfume, alojado en la Farina-Haus, frente al Municipio, la más antigua fábrica de perfume del mundo, donde hace trescientos años, comenzó, gracias a Giovanni Maria Farina, la gloriosa historia del agua de Colonia.

En esta página, a la derecha, el celebre *Kallendresser*, curiosa estatua que trona en lo alto de una casa del Mercado Viejo y sobre cuyo significado se han sucedido numerosas interpretaciones a través del tiempo; abajo, una foto histórica de la caracterísitica «Zur Brezel», una de las habitaciones renacentistas más imponentes del Alter Markt.

ciudad era posible solo a estas condiciones. Nacieron así las bibliotecas y las colecciones de obras de arte, algunas de las cuales, sin embargo, tuvieron que ser vendidas a los mayores coleccionistas ingleses y holandeses para poder hacer frente a gastos más urgentes en campo arquitectónico. Entre los personajes de la clase burguesa, un nombre se destaca sobre los demás: Everhard Jabach. Nacido en 1618, es hoy día recordado por el nombre de una calle situada en cercanías de St. Peter y St. Cäcilien; su consistente patrimonio de obras de arte está conservado en el Louvre de París. Como ejemplos de viviendas civiles de la época renacimental se puedes tomar las casas del Alter Markt llamadas «Zur Brezel» y «Zum Dorn», que con sus cinco pisos testimonian la elevada disponibilidad económica alcanzada en aquellos tiempos. El *Kallendresser*, la pequeña figura en bronce de Mataré, en la casa contigua (al número 24) es entre otras cosas una tomadura de pelo a la insostenible situación igiénica de esos decenios.
El único edificio digno de mención levantado en Colonia durante la Guerra de los Treinta Años es la iglesia de St. Maria Himmelfahrt: construida entre 1618 y 1627, constituye el único gran ejemplo en Colonia de edificio sagrado en estilo barroco. Destruida durante el último conflicto, ha sido reconstruida y ha vuelto al antiguo resplandor junto con el monasterio.

El Museo Ludwig

En el 1976, el matrimonio Irene y Peter Ludwig decidió donar al Ayuntamiento de Colonia una colección de cerca de 350 obras de arte contemporáneo. Por contrato, el Ayuntamiento se ocupó de hacer construir el museo que habría acogido la importante y preciosa colección, confiando el proyecto al estudio de los arquitectos Busmann & Habener. Inagurada en el 1986, la sinuosa estructura de 10.000 m^2, revestida de zinc y ladrillos, suscitó numerosas protestas por el fuerte contraste que creaba con respeto al adyacente Duomo.
El proyecto original preveía alojar tanto la colección Ludwig como el Museo Wallraf-Richartz, pero en el 2001 este último, rebautizado Wallraf-Richartz-Museum & Fondation Corboud, fue desplazado a un nuevo edificio. El mismo proyecto fue modificado para permitir un disfrute menos complejo de las diferentes secciones. Dos grandes escalinatas permiten pasar inmediatamente de una colección a la otra: desde el gran atrio, una introduce a las plantas de la sala de exposición permanente, mientras la otra lleva a las muestras temporáneas. En la colección Ludwig se representan las corrientes más importantes del arte moderno. Esa muestra la más amplia colección de Vanguardia Rusa en

El Museo Ludwig, cerca del Duomo, alojado en un modernísimo edificio (abajo a la izquierda, la entrada sur), se enorgullece de una colección de obras maestras del Pop-Art, Arte Abstracto y Surrealismo, además de una de las más grandes colecciónes de Picasso (arriba, su *Nu couché à l'oiseau*, de 1968).

Occidente, con más de seiscientas obras pertenecientes al periodo 1905-1935 (de artistas tales como Natalia Goncharova, Michael Larionov, Alexandra Exter, Liubov Popova, 62 obras de Casimir Malevich, Alexandr Rodchenko). Los máximos ejemplos del Neoprimitivismo, Cubo-Futurismo, Constructivismo y las diferentes corrientes del periodo están ampliamente presentes en la soberbia exposición, con obras que expresan la energía de los jóvenes artistas, inspirados en los contemporáneos europeos, y la fuerte carga del clima prerrevolucionario en Rusia.
Todavía aquí se expone la más rica colección de Pop-Art americana más allá de los Estados Unidos, con obras, donadas por los Ludwig, de Jasper

Johns, Robert Rauschenberg, Andy Warhol, Roy Lichtenstein, James Rosenquist, Claes Oldenburg, George Segal, Tom Wesselmann – solo por citar algunos –, y valiosos ejemplos de pintura abstracta americana, con Mark Rothko, Ellsworth Kelly, Morris Louis y Frank Stella. En los años sesenta, la Pop-Art llevó el arte al día transformando objetos de uso común en obras de arte, expresando conceptos de protesta y aversión al consumismo, a la masificación cultural, con una terminología y una simbología robada a la publicidad y a la clase media. Aquí están expuestos los iconos de la Pop-Art americana, *M-Maybe* de Roy Lichtenstein, *Brillo Boxes* de

Arriba, una vista del moderno equipamiento interno del Museo Ludwig, con, a la derecha, una original escultura hiperrealista, *Sin Título* de John De Andrea.

Andy Warhol y *Restaurant Window* de George Segal.

En el 1994 y en el 2001 el matrimonio decidió donar al museo su colección Picasso: actualmente el museo posee la tercera colección más grande del mundo, con 900 obras que comprenden pintura, escultura y cerámica, relacionadas particularmente con las últimas décadas de producción del artista. El imponente *Arlequin, les mains croisées* ("Arlequin con las manos cruzadas"), del 1923, propone de nuevo la temática del circo vista por el artista. En el *Nu couché à l'oiseau*, del 1968, el artista retrata la segunda esposa Jacqueline Rocque, recostada desnuda con una paloma en la mano, en una extraordinaria perspectiva que la muestra simultáneamente de frente, de lado y de espaldas.

En el 1946 el abogado Josef Haubrich donó numerosas obras maestras de Erich Heckel, Karl Schmidt-Rottluff, August Macke, Otto Müller, Otto Dix, Ernst Ludwig Kirchner y Marc Chagall. Sucesivamente se compraron obras de Willi Baumeister, Max Beckmann, Alexej von Jawlensky, Paul Klee, Oskar Kokoschka, Henri Matisse y Ernst Wilhelm Nay.

El museo acoge también una importantísima sección dedicada a la fotografía y una notable colección de grafismos y video arte.

Más obras de arte moderno del Museo Ludwig: se aprecia en particular, arriba, la célebre *Black Nana*, de Niki de Saint Phalle (1968-1969).

Del Congreso de Viena a nuestros días

No obstante el influjo de la rigidez prusiana, el estilo de vida renano no sufrió variaciones. En los decenios sucesivos al 1815 asistimos a un desarrollo económico frenético, que transformó el rostro mismo de la ciudad. El cerco de murallas se había conservado intacto hasta 1881, es decir aún más tarde de que se acabara de construir la catedral (1880). La primera brecha fue obierta solo en 1881. Al año siguiente la población estaba constituida por 65.000 habitantes; en 1888 aumentó de golpe, hasta que en 1975, después de la reforma municipal, alcanzó el milión y pico de almas.
Hoy en día parece mentiza que las murallas que dan hacia el Rin hayan sido abiertas solamente en 1891. La orilla derecha del río comunicaba con la ciudad por medio de un puente situado cerca de Mülheim y de un puente ferroviario en las cercanías de la catedral denominado «ratonera». Entre 1907 y 1911 se construyó el Puente Hohenzollern, que está dividido en dos partes, una para el ferrocarril y la otra para los coches. En 1906 se logró llevar a cabo, entre grandes dificultades, también el puente al sur.
El aspecto de la ciudad después de la primera guerra mundial está estrechamente ligado al nombre del alcalde Konrad Adenauer. En aquel pe-

Imágenes de la Colonia moderna, con el centro histórico dominado por la mole del Duomo, la estación, el Puente Hohenzollern sobre el plácido curso del Rin, y, arriba, el Museo Romano Germánico.

ríodo se procedió a la construcción del nuevo puente cerca la Mülheim, que era entonces el más largo de Europa. Adenauer adquirío el terreno que se extendía por 30 kilómetros al exterior de las murallas y el cerco de jardines al interior de estas últimas, larga 7 kilómetros. Hoy día estos jardines son parte integrante de la ciudad; al centro de ellos se encuentra el estadio, construido entre 1921 y 1923, modernizado en los años 1973-1975, enteramente reconstruido entre 2001 y 2004, y rodeado por otras instalaciones deportivas.

El 90% de los edificios de la ciudad fueron destruidos durante la segunda guerra mundial. La población descendió a 40.000 unidades. Pero inmediatamente después siguió la fase ascendente: la primera señal de la voluntad de la ciudad de volver a levantarse fue ofrecida en 1948 por la fiesta de la catedral. Al año siguiente los habitantes de Colonia encontraron el ánimo de restablecerer una antigua tradición que se remonta al 1823: la del cortejo de *Carnaval*. Cuando los carros pasaron por delante del Gürzenich, el salón de fiestas en ruina, el príncipe del Carnaval se bajó del carro, tomó en mano una pala y demostró que era deber de cada ciudadano desembarazar y reconstruir la ciudad.

La «Reseña nacional del jardín», que tuvo lugar en 1957, monstró a los visitadores llegados de lejos que Colonia, si bien en la tutela de sus proprios edificios y espacios tradicionales, se había vuelto una ciudad moderna en la que, gracias a las excavaciones efectuadas en los últimos decenios, historia y actualidad podían coexistir en una armonía estraordinaria.

Si observamos a Colonia en una imagen del 1850, con la ciudad vista desde el Rin, podemos creer de encontrarnos en pleno Medioevo: las murallas, los barcos, los hombres, todo hace pensar que nuestra época está muy lejana. Una ligazón con la segunda mitad del siglo XIX está constituida por las numerosas fuentes románticas de Albermann y de otros arquitectos, como por ejemplo la que se encuentra en frente a St. Georg, de 1894, la de Werth en el Alter Markt, de 1884, y la así llamada «Fuente de los Gnomos», situada cerca de la catedral, que, junto con todas las demás construidas hasta hoy, demuestraba el placer que los habitantes de Colonia encuentran en el juego y en la serenidad interior. Vale además la pena recordar la «Fuente de Petrus» detrás de la catedral, la fuente romana que borbota a lo largo de la calle del Arsenal y la pequeña «Fuente de la Paloma» de Mataré, en la que se reflejan las torres de la catedral.

En Colonia, para hallar la historia y el presente de las obras de arte, es suficiente callejar mirándose alededor. Los graves destrozos de la última guerra y las sucesivas reconstrucciones consintieron el descubrimiento de numerosos testimonios de pasado, que se dejaron al lado de los edificios modernos y que actualmente se pueden admirar a lo largo de las calles. Ciertamente los museos, con los preciosos tesoros que custodian, todos clasificados con orden, son de gran ayuda para quien quieraq conocer a Colonia y aprender a amarla.

Al lado sur de la catedral se encuentra el **Museo Romano Germánico**, que nos acompaña a través de la historia más antigua de la ciudad, erigido en el lugar donde se descubrió, en 1941, durante la construcción de un bunker antiaéreo, el *Mosaico de Dionisio*, perteneciente a una villa romana. La casa cercana, situada en el nº 2 de la plaza Roncalli, ha albergado durante mucho tiempo el **Museo Diocesano** (desde 2007 integrado en el **Kolumba**), donde se conservaban obras de arte que pertencían al principalmente al Duomo, desde el *Crucifijo* de Heriman a la *Virgen de la violeta* de Stephan Lochner.

Un poco más lejos se encuentran el **Museo Ludwig**, con su inconfundible edificio expresamente construido entre el Duomo y el Rin, y prosiguiendo hacia el final del Ayuntamiento, el **Museo Wallraf-Richartz**, con las ricas colecciones expuestas en la moderna sede inaugurada en 2001.

Los apasionados de arte exótico encontrarán interesantes objetos, que cubren un periodo de dos mil años, en el **Museo de Arte Asiático Oriental**, de Aachener Weiher, y en el **Museo Rautenstrauch Joest**, con riquísimas colecciones de altísimo valor etnológico.

Merece una mención particular el **Museo Schnütgen**, al interior de la románica Cäcilienkirchen; aquí han sido reunidas por Alexander Schnütgen (1843-1918), capitular de la catedral y apasionado cultor de arte, cerca de 1.800 obras precedentes de las iglesias ya secularizades de Colonia. En 1906 la colección fue donada a la ciudad.

El viejo **Teatro de la Opera** fue completamente destruido durante la guerra. El nuevo edificio, según el proyecto de reestructuración de la ciudad, fue construido sobre el eje norte-sur, junto con la Offenbachplatz, cerca de los grandes establecimientos de la Radio de Alemania Occidental, un punto clave de la nueva disposición urbana. El insólito y complejo edificio, llevado a cabo en 1957 por Wilhelm Riphahn, fue apodado con los nombres más variados (entre los cuales el de «Gandhi») por los habitantes de Colonia, siempre bien dispuestos a bromear. De formas mucho más simples y poco llamativas es en cambio el **Teatro de la Prosa**, construido en los años 1960-1962. El lado norte de la plaza esta conformado por una fuente, flores y unos bancos desde los que se puede admirar las torres del Duomo.

Los ocho puentes sobre el Rin confirman aún hoy la fama que Colonia ha cobrado, desde los tiempos de la Liga Anseática, gracias a su importancia como cruce del tráfico y como centro comercial. Colonia, tercer puerto interior del país, puede jactarse además del primado por lo que respecta el movimiento turístico en Alemania. El panorama del Rin está caracterizado por los grandes y blancos barcos de pasajeros que recorren el más lindo trecho fluvial de Alemania, es decir el que está comprendido entre Colonia y Maguncia.

La **Lonja**, fundada en Colonia en el año 1553, la quinta en el mundo, tiene aún hoy mucha importancia. Notoriedad todavía mayor ha adquirido en todo el mundo Colonia en los últimos años gracias a su producción automovilística y a sus refinerías de petróleo. A las 130.000 personas aproximadamente que trabajan en la industria hay que añadir los numerosísimos empleados del sector terciario (seguros y medios mayoritariamente); globalmente, Colonia y sus actividades conforman hoy un centro con 2.500.000 a 3.000.000 de habitantes.

El interesante Wallraf-Richartz-Museum, una de las pinacotecas más importantes de toda Alemania, que además se distingue por la moderna y funcional sede realizada en 2001 según un proyecto del arquitecto Oswald Mathias Ungers.

Una imagen de Colonia junto al curso del Rin, sobre el que aún parece vigilar la prusiana Malakoffturm, con torre de almenas. Al fondo se distingue el majestuoso perfil del Duomo y la torre de la iglesia de Gross St. Martin.

Los visitadores de la **Feria**, que se encuentra en frente a la catedral, sobre la orilla derecha del Rin, reciben una óptima impresión de la ciudad. Construido en 1922-1924 por H. Verbeek y por Pieper, el edificio de la Feria, corazón de un modernísimo centro de exposiciones, ha albergado desde entonces un gran número de exhibiciones nacionales, internacionales, y congresos. Es además sede de manifestaciones deportivas. Los visitantes que deseen pasearse al aire libre encontrarán amplios espacios verdes en el vecino **Parque del Rin**, declarado como el parque más bello de Alemania en 2007.

La pasión de los habitantes de Colonia por la música no es inferior al amor por las artes figurativas. Entre las grandes orquestas son de destacar la del Gürzenich y la de la Opera, que difunden la fama de Colonia como ciudad de la música. Las sedes más importantes para la cultura y el estudio de la música son la Universidad y la Academia de la Música. El interés hacia la música ha recibido un notable impulso gracias a la organización de coros y orquestas en las escuelas y gracias también a la atención prestada por las parroquias a la música de iglesia, que en Colonia ha alcanzado un nivel excelente.

Metas agradables que atraen a mucha gente son también el Jardín Botánico, la **Flora**, y el **Parque Zoológico**, cercanos el uno del otro sobre la orilla izquierda del Rin y puestos en comunicación con el gran Parque del Rin, sobre la orilla derecha del río, mediante un *teleférico* muy frecuentado. El Parquc Zoológico, con sus construcciones exóticas para los animales, recuerdada el estilo del período en el que fue implantado, alrededor de 1860. También en los jardines de la Flora, aunque hayan sido renovados en la posguerra (1955-1956), es todavia posible reconocer el estilo originario.

Otro lugar muy frecuentado es el **estadio**, con sus diferentes instalaciones deportivas, situado dentro del recinto verde, en Müngersdorf. Edificado en 1923, ha sido ampliado en varias ocasiones; en 1973-1975 fue construida la arena deportiva, cuyas tribunas cubiertas podían acoger 70.000 espectadores. En previsión del Mundial de 2006 el estadio fue enteramente reconstruido entre 2001 y 2004 y pasó a denominarse **RheinEnergieStadion** y en la actualidad tiene una capacidad de 50.000 personas.

Entre las principales áreas recreativas de la ciudad no hay que olvidar la verde cerca interior, donde surge la **Universidad**. Aquí los habitantes de Colonia han erigido una colina utilizando los escombros de los edi-

ficios destruidos por la guerra, a la que han dado el apropriado nombre de «Monte Clamott». En el jardín, además, ha sido elevada la torre de la televisión, alta casi 250 metros y llamada «Colonius», desde la cual la vista panorámica abraza la ciudad, la zona industrial y la extensa zona de los yacimientos de lignito, en dirección oeste.

El hombre que como ningún otro está ligado a la historia de Colonia en el siglo XX es ciertamente Konrad Adenauer (1876-1967). Nacido en Colonia, se doctoró en jurisprudencia, en 1906 fue nombrado asesor municipal y de 1917 a 1933 fue alcalde de la ciudad. Por mérito en gran parte suyo, Colonia lentamente se recobró de la crisis de la primera guerra mundial. En 1919 se volvió a edificar la vieja catedral. Con la construcción del área de la Feria, en 1924, la ciudad incrementó sus recursos económicos y se elevó al rango europeo con la grandiosa «Exposición Milenaria de Renania». Por mérito suyo se crearon, además del estadio, los «anillos verdes», dos avenidas de circunvalación, una interior y la otra exterior respecto al centro de la ciudad, caracterizadas por una serie de instalaciones recreativas y deportivas y por amplios espacios

Una vista de la Colonia moderna y trabajadora, con sus industrias y su entorno verde. Dominandolo todo se distingue la Telekom-Turm, familiarmente conocida como «Colonius».

A la derecha, Konrad Adenauer (1876-1967): político importantísimo en la Alemania de la posguerra, fue alcalde de Colonia y un extraordinario protagonista del renacimiento de la ciudad después de la primera guerra mundial.

dedicados al verde público. Sus intervenciones, como por ejemplo la instalación de nuevas industrias y la construcción del puerto de Niehl, tenían como fin principal el progreso económico. Los hospicios de Riehl son una elocuente prueba de la atención que Adenauer prestó al problema de la tercera edad y de la enfermedad. Incluso la construcción de la nueva Universidad tuvo comienzo durante su cargo, en 1929, y fue terminada en 1934. Incorporando en el territorio municipal numerosos suburbios de la ciudad, Adenauer hizo de Colonia, no obstante la inflación y la crisis económica, una verdadera metrópoli. Con el advenimiento del Tercer Reich, en 1933, Adenauer fue destituido y dos años después expulsado de la ciudad. Una vez terminada la guerra, volvió a tomar su cargo de alcalde, ocupándose inmediatamente de los urgentes problemas de la población y de un proyecto para la reconstrucción de la ciudad, cuyo 70% había caído en destrozo. Fue nuevamente destituido por parte de los ocupadores británicos en 1945.

La verdadera carrera del ya septuagenario hombre político comenzó en 1946, en calidad de presidente de la Unión Democrática Cristiana y de presidente del Concejo Parlamentar, desempeño un papel muy importante en la redacción de la Constitución de la República Federal Alemana, de la que fue el primer canciller (de 1949 a 1963).

Fue profundamente ligado a Colonia hasta la muerte. Un acompañamiento fúnebre sin precedentes acompañó sus restos mortales desde la catedral hasta el barco que lo llevó a Rhöndorf, adonde fue sepultado. La avenida a lo largo del Rin, en frente a la Feria, tomó el nombre de Konrad-Adenauer-Ufer.

No se puede hablar de Colonia sin hacer mención a su Carnaval. Efectivamente, los así llamados «días locos» son parte integrante de la vida de la ciudad y su contagio se extende hasta dentro de las escuelas, las oficinas y las empresas. El Carnaval nace de una antigua tradicion de origen pagana, según la cual en ciertos días del año se vive siguiendo una lógica al revés, es decir que quien quiera tiene el derecho de expresar, por lo menos una vez al año, su propia opinión – los estudiantes a los profesores, el aprendiz a su maestro, el empleado a su jefe – cada cual puede interpretar el papel que más le agrade.

Como ya hemos tenido ocasión de decir, las dos orillas del Rin están hoy día puestas en comunicación por ocho puentes. Mientras un tiempo en Colonia se decía que detrás de Deutz empezaba el Asia, las dos partes de la ciudad, a un lado y al otro del río (que mide en este punto casi 400 metros de ancho), constituyen en la actualidad un único aglomerado urbano. Los puentes pintados de verde que lo atraviesan traen a las mientes las viejas canciones en las que el río era cantado como «el verde Rin». Fue el emperador Constantino quien costruyó, entre la ciudad romana y el castillo de Deutz, el primer puente, ya no existente. Algún anciano campesino aún se acuerda del viejo puente de barcos. Solo en 1859 se ha construido el primer puente de pietra de la ciudad, seguidamente transformado en el **Hohenzollernbrücke** y hoy recorrido por unos 1.400 trenes al día. Hasta la primera guerra mundial existían tres puentes fijos sobre el Rin. En 1927-1928, durante el período en que era alcalde Konrad Adenauer, fue terminado el **Mülheimer Brücke**, que con sus 708 metros constituía el más

largo puente colgante de la época. El **Puente de Rodenkirchener** se construyó en 1941. Después de la guerra se volvieron a levantar todos los puentes que habían sido destruidos y se realizaron otros nuevos: el **Severinsbrücke** en 1959, el **Merkenicher Autobahnbrücke** en 1965 y el **Zoobrücke** en 1966. Particularmente interesante es la estructura del Severinsbrücke (691 metros de largo), cuyos cables se difunden todos a partir de un machón triangular asimétrico. Cada uno de los puentes sobre el Rin se destaca por una propia particularidad estética o estructural; merece por lo tanto la pena pasearse por los jardines a lo largo del río y sobre todo en el espléndido Rheinpark, situado en los alrededores del área de la Feria, para poderlos observar de cerca. No obstante los numerosos puentes modernos, la gente de Colonia recuerda con una cierta nostalgia los tiempos del «Mülheimer Böötchen» (el barquito de Mülheim) y aún hoy prefiere atravesar el Rin sobre el pequeño «Strolch» para ir a la Feria.

También las iglesias modernas desempeñaron un papel importante en el ámbito de la renovación y de la reconstrucción de la ciudad. La necesidad de nuevas construcciones no ha sido causada sólo por los destrozos de la guerra, sino también por la progresiva descentralización del sitio poblado. Una entera generacíon de excelentes constructores y artistas se encargó de ello; algunos nombres ya eran conocidos, como los de Karl Band, Wilhelm Riphahn y otros. Ejemplos de la moderna arquitectura religiosa son la iglesia de Santa María Reina en Marienburg, erigida por el célebre arquitecto Dominikus Böhm a finales de su carrera, y la Kirche Christi Auferstehung (Resurrección de Jesucristo) en Melaten, obra de su hijo Gottfried (1967-1970).

Dominikus Böhm está considerado uno de los exponentes de avanguardia de la nueva arquitectura sagrada. En 1931 llevó a cabo el proyecto de la **iglesia de St. Engelbert**, de planta central y realizada en klinter, que está situada en Köln-Riehl, cerca del Parque Zoológico y de la Flora. El maestro volverá a utilizar el concepto a la base de esta ejecución más tarde, en 1953-1954, en Marienburg, donde erigió, al margen del Südpark, la iglesia de su propia parroquia, **Maria Königin**. La singular construcción, realizada en aglomerado de piedra pómez revestido de ladrillos, se funde en manera perfecta con los árboles seculares en sus alrededores. El lado sur, constituido por una única pared a vidriera, es fuente de luz para el interior. A través de los símbolos de las letanías lauretanas, el maestro ha querido crear un ambiente que diese la impresión de la capa de la Reina Celeste. Las cuatro columnas rojas que sostienen el techo quieren subrayar el concepto de la tienda de Dios. Encima al altar podemos admirar una gran *estatua de la Virgen*, del siglo XV, a quien la iglesia está dedicada. El tabernáculo y la pila bautismal, realizados con estupendos esmaltes, son obra de Hanns Rheindorf. Se ingresa al interior de la iglesia por la luminosa rotonda del baptisterio.

Con esta obra de su madurez, el gran arquitecto de iglesias modernas, Dominikus Böhm, deja un profundo testimonio de su fé a las generaciones futuras.

El mensaje del padre fue llevado adelante sobre todo por el hijo Gottfried, quien proyectó numerosas iglesias, entre las cuales la **iglesia de la Resurrección de Jesucristo**, en Melaten. Construida en 1967-1970, es una de las más recientes

A la izquierda, el moderno edificio de la Lufthansa, principal compañía aerea alemana y una de las muchas empresas de relevancia mundial que han elegido Colonia como sede.

A la derecha, entre los personajes más eminentes y relevantes del siglo XX figura sin duda el cardenal Josef Frings, nombrado arzobispo de la ciudad el 1° de mayo de 1942, y que tanto se preocupó por hacer frente a la devastación que sufrió la ciudad durante la segunda guerra mundial. Fallecido en 1978, fue enterrado en la cripta de la catedral de Colonia.

iglesias de Colonia y se inserta armoniosamente en la zona de verde entre el Danteweg y la Clarenbachstrasse. La maciza construcción en ladrillos, con sobria decoración interior, impresiona principalmente por su impulso vertical. Los ventanales polícromos y asimétricos y la cruz, que invita los fieles a levantar la mirada, recuerdan que trámite la Resurrección de Jesucristo la humanidad ha sido llamada a una vida en el amor de Dios.
Tampoco hay que olvidar el nombre del arquitecto y moderno restaurador del Duomo, W. Weyres, y el de sus sucesores para la diócesis, W. Schlombs, F. Schaller, J. Schürmann e R. Schwarz. Entre los decoradores, citamos a Elmar Hillebrand, Hanns Rheindorf, Peter Hecker, Ludwig Gies, Georg Meistermann y demás.
Sigue siendo memorable, en la historia de Colonia, la figura del cardenal Josef Frings, que durante la posguerra tuvo que reconstruir cerca de 300 iglesias. Innumerables fueron también los ciudadanos que lo ayudaron a salvar el Duomo y otras iglesias durante el transcurso de las noches de bombardeo de la segunda guerra mundial, esperando cerca de las iglesias para apagar los eventuales incendios. Sin contar las miles de mujeres que durante la posguerra tuvieron que volver a empezar de cero removiendo las ruinas de la ciudad.
Todo lo hasta ahora escrito puede dar tan solo una idea de la riquísima historia de Colonia, una ciudad que merece ser conocida. En Alemania existen realmente pocas ciudades en las que pasado y presente se intersequen el uno con el otro como en Colonia. La guerra, destruiendo casi enteramente la ciudad, ha creado muchos abiertos. Y de los escombros ha brotado el pasado.
El más grande archivo comunal de Alemania, sobrevivió afortunadamente sin daños a las dos guerras mundiales. A hacerlo derrumbarse, en el 2009, han sido las obras y las excavaciones subterraneas del nuevo metropolitano. La reconstrucción del **Stadtarchiv** está ahora prevista para 2014, mientras que la restauración y recuperación del material histórico, gravemente dañado en un 90%, está prevista para 2040.
Mientras, la ciudad continua de adecuarse a las exigencias de la sociedad y de la economía moderna y a crecer. Por ejemplo, en la actualidad, Colonia se ha convertido en una de las ciudades alemanas más importantes para la televisión de su país, al acoger las sedes de la RTL y la WDR. En el sector del automóbil también, ya que en ella se han establecido Ford y Toyota, y todas las empresas que de ellas dependen.
En 2012 fue inaugurada una de las más importantes **mezquitas** de Alemania en la Venloer Straße, otro monumento importante en la arquitectura del tercer milenio de esta ciudad.
El espacio libre creado a partir de los bombardeos de la segunda guerra ha sido utilizado teniendo en consideración las exigencias de la vida moderna, aunque en el respeto de los testimonios del pasado. De esta forma, en la palpitante metrópoli ha sobrevidido la Colonia antigua, que durante el Carnaval se divierte y se burla de sí misma reconociéndose en los personajes cómicos de Tünnes y Schäl, y canta su propio amor por la patria en canciones llenas de sentimiento hasta en los años de la evacuación y de la destrucción.
En 1531 Anton Woensam intituló una de sus obras más célebres: *De sacra et civili magnitudine Coloniae*. También estas páginas han intentado contar la «Grandeza de la Colonia sagrada y civil».

El Museo del Deporte y de las Olimpíadas

En el área septentrional de la Rheinauhafen, cerca del Museo del Chocolate, está situado el Museo del Deporte y de las Olimpíadas, integrado en los almacenes de la antigua aduana del puerto de Rheinau. Inaugurado en el 1999, es uno de los museos más modernos de Colonia, donde se funden tradición, innovación y tecnología. Sobre una superficie de exposición de aproximadamente 2000 m^2, se narra, de manera interactiva y con un concepto totalmente innovador, la historia de los deportes y su evolución en el curso de los siglos, a través de los instrumentos, las anécdotas y los mitos legados a las diferentes disciplinas. Dispuesto en dos plantas, la primera dedicada a la exposición permanente y la segunda reservada a exhibiciones y acontecimientos especiales, el museo muestra una riquísima colección compuesta por cerca de 100.000 objetos entre vestuario, equipamiento deportivo y de juego, medallas, documentos, premios deportivos y obras de arte, que ofrecen al visitante la oportunidad de llevar a cabo un verdadero y real viaje en el tiempo. El recorrido inicia hace miles de años, en un campo de atletismo de la antigua Grecia, para después atravesar, en una secuencia temporal dividida en 80 m de longitud, los eventos deportivos más importantes. Está testimoniada la evolución de la gimnasia y del deporte, en particular la de Alemania y la de la Inglaterra del siglo XIX, hasta a los deportes modernos profesionalizados y a los grandes atletas de hoy. Son numerosas las curiosidades y los objetos «símbolo» custodia-

dos, entre los cuales se encuentra una raqueta destruida por las propias manos de Boris Becker y los zapatos del campeón de Fórmula 1 Michael Schumacher. Se ha dedicado un amplio espacio a los Juegos Olímpicos de Berlín del 1936 y a los de Mónaco del 1972.
En algunas secciones es posible probar al vivo varias disciplinas, como las propias del ring perfectamente reconstruido o de la galería del viento, donde están simuladas las diferentes velocidades del Tour de France.
Sobre el techo del museo se ha reconstruido un campo deportivo, donde se puede jugar a fútbol, baloncesto o tenis y gozar del espléndido panorama de la ciudad.

EL MUSEO DEL CHOCOLATE

En el extremo septentrional de la Rheinauhafen, donde en el periodo medieval se situaba el puerto comercial de la ciudad, en el 1993 el empresario Hans Imhoff fundó el Museo del Chocolate. En marzo del 2006 la Lindt & Sprüngli iniciaron una colaboración con el museo, sucediendo a la empresa chocolatera Stollwerck, propiedad del fundador. En un edificio en forma de barco, totalmente construido en acero y cristal, se cuentan los tres mil años de historia del precioso alimento, en una exposición dispuesta en tres plantas.

El área primera del museo, está ocupada por un invernadero de 100 m^2 con 10 m de altura, en el interior del cual está reconstruida la flora de la Amazonía. En un bochornoso clima tropical junto a la planta de la vainilla, la del café y la de los plátanos, encontramos el *Theobroma cacao*, del cual se obtenía aquello que entre los Aztecas se consideraba el «alimento de los dioses». Partiendo de la amarguísima haba de cacao empieza la elaboración: en el interior del museo es posible seguir en tiempo real su transformación, a través de los adecuados equipos, para llegar al dulce envuelto y enlatado. Cada día en la fábrica salen 400 kg de produc-

Abajo, una imagen del modernísimo edificio de vidrio y acero que alberga el Museo del Chocolate, en la rivera del Rin, a corta distancia del centro histórico de la ciudad y junto al Museo del Deporte y de las Olimpíadas. A la izquierda la célebre y apreciadísima Fuente del Chocolate.

tos de chocolate, en tabletas, tartufos y formas fantasiosas.
La segunda planta está dedicada a la historia del cacao: preciso desde sus orígenes, venerado como el alimento sagrado en América Central, fue un bien de lujo también en Europa,

cuando llegó en el siglo XVIII. Refinados servicios en porcelana y preciosas chocolateras se crearon para degustar la excitante bebida.
La tercera planta está dedicada por el contrario a la publicidad, las máquinas distribuidoras, el embalaje y todo aquello que representa la imagen del chocolate: desde 1926, cuando la publicidad lo presentaba como alimento energético, en los spots de los años setenta, realmente más propios de una película.
Para alegría de los niños y de todos los golosos, en el interior del museo hay una gran fuente dorada, de la cual manan 200 litros de chocolate perfumado líquido y tibio, que obviamente se puede degustar mojando las galletas.

«D'r Kölsche Fastelovend» el Carnaval de Colonia

El Carnaval de Renania se basa en los Saturnales, que en la Colonia romana se celebraron como en la antigua Roma desde el 17 al 19 de diciembre. La palabra «Carnaval», en efecto, parece derivar de «carrus navalis», una carroza en forma de barco que se usaba en esta colonia romana durante los festejos. ¡Por eso se podría decir que el Carnaval tiene sus orígenes justamente en Colonia! En el siglo V, para adaptar estos rituales paganos a la liturgia católica, de una fiesta invernal, se transformó en el *Fastabend*, una noche de ayuno de la Cuaresma. De esta palabra deriva también la palabra «Fastelovend» para el Carnaval de Colonia. Las máscaras, el alboroto y la alegría de esta fiesta, hoy como hace dos mil años, todavía tienen el mismo sentido: asustar y cazar a los demonios invernales. En la Edad Media la iglesia intentó prohibir los festejos antes de la Cuaresma o por lo menos conferirle un sentido más religioso, pero el origen de los Saturnales, que preveían también una total subversión del orden social (los siervos se convertían en patronos durante algunos días), siguió manteniéndose evidente. Sólo en el siglo XIX el Carnaval empezó a tomar la forma actual adoptando las costumbres del Carnaval italiano con desfiles de bandas musicales y comediantes. Los gremios y las reuniones de los artesanos tuvieron cada vez más poder y empezaron a dirigir esta fiesta que todavía hoy está organizada en gran parte por estas congregaciones. El jueves empezó a tomar pie el Carnaval de las Mujeres («Wieverfastelovend»): en aquel día las mujeres tomaban en su mano las riendas de la ciudad (otra señal del vuelco de los papeles dictados por los Saturnales), para dar inicio a los festejos que se prolongaban hasta llegar a su ápice del Lunes de las Rosas. Con el dominio francés, en el 1794, llegó la prohibición del Carnaval, que empezó a celebrarse clandestinamente y que por consiguiente se politizó. Cuando los prusianos, en el 1815, echaron a los franceses, el Carnaval se degradó en festejos cada vez más vulgares. Arriesgando una prohibición por parte de las autoridades prusianas, la burguesía retomó la supervisión de la organización del Carnaval

haciendo que volviera a ser una fiesta en plena calle entre religión y culto popular. Para dar al Carnaval mayor sobriedad se inventaron el héroe «Carnaval» y su eterna esposa «Venetia» que «reinaban» sobre la ciudad durante los festejos, teniendo de este modo la manera de poner fin a los excesos y a los desórdenes. Las costumbres y los trajes del Carnaval actual recuerdan muchos de estos elementos históricos. La parte organizativa empieza el 11 de noviembre, a las 11 horas y 11 minutos. El Carnaval «de calle», en cambio que se desarrolla en la semana antes del Miércoles de Ceniza, se inicia el jueves a las 11 horas y 11 minutos con el Carnaval de las Mujeres. En el Palacio Comunal, el alcalde entrega el mando de la ciudad a los tres soberanos del Carnaval: el príncipe, el soldado de infantería, que representa a la potencia defensiva de la ciudad y la virgen, símbolo de Colonia. Con el tiempo estas tres figuras han ido sustituyendo a la pareja «Carnaval» y «Venetia» y ahora rigen a su vez el Carnaval. ¡Un desfile, acompañado por danzas y música, parte del Severinstor y llega hasta el Alter Markt, dónde se encuentra el monumento a Jan von Werth. Varones, ojo! ¡Las mujeres tienen el permiso para portarse mal! ¡Besan a quien quieren y llevan consigo unas tijeras para cortar... las puntas de las corbatas! Originariamente el Lunes de la Rosa era una fiesta católica. Aquel día el papa consagraba una rosa que luego era portada en procesión a lo largo de las calles de Roma. Hoy el Lunes de la Rosa («Rusemondach»), es el momento más importante de todo el Carnaval. En este día tiene lugar el gran desfile de las carrozas alegóricas, que muestran en broma los grandes temas de la actualidad. Pasan por las calles de la ciudad y atraen cada año a un millón de turistas. Las congregaciones desde sus carrozas lanzan flores y caramelos («Strüssjer un Kamelle») entre la multitud. Se puede tranquilamente besar, hasta a los policías (y mujeres policía!) que en estos días de locura son una «presa libre». Con el grito «bützjer» (besitos) se piden los besos... para los que quieren! Para los que buscan un desfile más «tranquilo» se aconseja el de las escuelas y de los barrios («Schull- un Veedelszöch») que se realiza el domingo de Carnaval en la misma ruta de los «grandes». El miércoles de ceniza la ciudad vuelve a la «normalidad» o como dice una canción popular del Carnaval de Colonia: «Am Aschermittwoch ist alles vorbei», «El miércoles de Ceniza todo ha terminado». *Kölle Alaaf*!

Índice